MÉMOIRES

POUR SERVIR

A LA VIE

D'UN

HOMME CÉLÈBRE.

T. II.

IMPRIMERIE DE MADAME JEUNEHOMME-CRÉMIÈRE,
RUE HAUTEFEUILLE, N° 20.

MÉMOIRES

POUR SERVIR

A LA VIE

D'UN

HOMME CÉLÈBRE.

PAR M. M****.

TOME SECOND.

A PARIS,

CHEZ PLANCHER, ÉDITEUR DU MANUEL DES BRAVES,
rue Poupée, n° 7.

ET A BRUXELLES,

Chez LECHARLIER, Libraire, montagne de la Cour.

1819.

AVANT-PROPOS

DE L'ÉDITEUR.

Ainsi que nous avions ôsé l'espérer, le public a honoré de son suffrage la première partie de ces Mémoires : après un succès, dont l'esprit de parti a attribué la cause à l'esprit de parti, ils ont été contrefaits chez l'étranger, que pourtant l'esprit de parti n'agite point ; c'est que le sujet dont ils s'occupent fut non seulement national, mais européen : tout ce qui le concerne, ou le rappelle, excitera long-temps encore l'intérêt, et toujours la curiosité.

Nous livrons aujourd'hui à l'un et à l'autre la suite de ces MÉMOIRES : elle comprend moins des narrations historiques que des anecdotes privées, et plus de petits faits, que de grands événemens ; mais c'est par ces faits, c'est dans ces anecdotes que l'homme se cherche, se trouve et se peint. Outre cet avantage de saisir les mouvemens secrets du cœur et les minutieuses opérations de l'esprit, ils ont aussi celui de caractériser les époques. Le héros, le grand homme, l'homme d'état représente sur le théâtre public de l'histoire ; l'homme privé se révèle dans LE DÉSHABILLÉ de l'anecdote.

La véracité de celles qu'on publie n'a pas besoin d'être discutée dans une préface; en quelques jours, le public lui-même, au souvenir duquel on les retrace, se chargera de la démontrer. Quant aux allusions, plus on protesterait contre elles, plus la malignité en découvrirait; et quant aux personnalités, que l'on désavoue autant qu'on le doit, on renvoye à la préface du premier volume. En étendant sur des objets dangereux ou trop délicats, un voile pseudonyme, on satisfait à la curiosité du public, sans caresser sa malice, et l'on respecte à la fois la vérité et les réputations.

Enfin l'on continue de professer dans cette deuxième partie, la même foi politique que dans la première: l'empereur y est jugé comme mort; mais nulle puissance au monde ne saurait faire que Bonaparte ne soit vivant.

Vivant ou mort toutes fois, que Dieu lui fasse paix, et nous la donne!

MÉMOIRES

POUR SERVIR A LA VIE

D'UN HOMME CÉLÈBRE.

Marie-Louise en 1814 (*Mars-Avril*). — *Quelques mots sur les intrigues qui l'ont empêchée de rejoindre Napoléon.*

Le 19 février 1814, *Napoléon* tint encore une fois entre ses mains un traité auquel il ne manquait que sa signature : il nous assurait la paix, il lui conservait l'empire ; un succès partiel qu'il obtint en ce moment critique, vint encore paralyser sa main. Il crut voir reparaître sur l'horizon l'étoile qui l'avait guidé si long-temps, et il déclara qu'il ne songerait à la paix que quand il aurait forcé l'ennemi à repasser le Rhin. Ce fut alors qu'il exécuta ce mouvement qui devait amener son triomphe et qui détermina sa perte. Les ennemis allaient se trouver enfermés dans un carré formé par toutes nos divisions; les paysans, réduits au désespoir, allaient former autant de troupes légères qui massacreraient les traîneurs et les fuyards : un général fit un faux mouvement, livra ses divisions aux attaques imprévues de l'ennemi, et les armées étrangères arrivèrent sous les murs de la capitale quand Napoléon les attendait pour leur couper la retraite.

Marie-Louise et son fils étaient alors à Paris, entourés de la garde nationale à qui Napoléon les avait solennellement confiés en partant. *Joseph*, qui avait fait en Espagne l'apprentissage de la fuite, pensait déjà à quitter Paris et en donnait le conseil à l'impératrice. *Jérôme*, qui avait couru jusqu'aux avant-postes, qui étaient à deux petites lieues de Paris, en était revenu au grand galop, et jetait dans le conseil de régence la terreur et la consternation dont il avait été saisi à la vue des troupes ennemies qu'il avait aperçues à l'aide d'un télescope. Les grands dignitaires, les sénateurs, la plupart des fonctionnaires publics quittèrent Paris en foule, et *Marie-Louise* n'avait autour d'elle que des conseillers lâches ou perfides, qui se réunissaient tous pour presser son départ. Elle résista long-temps ; elle avait un grand exemple dans sa propre famille, celui de *Marie-Thérèse*. Comme elle, elle voulait prendre son fils dans ses bras, parcourir la capitale, animer le zèle de la garde nationale et encourager le peu de troupes qui s'y trouvaient. Que risquait-elle en prenant ce parti ? Fille d'un des monarques confédérés contre la France, elle était sûre d'être respectée par les troupes alliées, si elles venaient à entrer dans Paris. En supposant que *Napoléon* perdît la couronne, n'était-il pas possible qu'elle la conservât pour son fils? En quittant Paris, où depuis vingt-cinq ans, le sort de la France s'était toujours décidé, elle renonçait à tout espoir, et laissait le champ libre à ceux qui voulaient renverser l'empire. Enfin, ce fut, dit-on, C........, duc de *F*......., qui la décida au départ, en lisant en plein conseil une lettre qu'il dit avoir reçue de l'empereur, où celui-ci lui mandait de faire partir l'impératrice et son fils, si Paris était menacé, ajoutant *qu'il aimerait mieux les savoir tous les deux au fond de la Seine qu'entre les mains des étrangers.* Le départ fut donc résolu dans la nuit du 28 au 29 mars, et le 29, à 6 heures du matin, toute la cour partit pour Rambouillet, abandonnant Paris à lui-même, sans avoir pris aucune mesure de précaution, pas même celle si naturelle de transférer dans une autre ville le sénat et le corps-législatif.

Madame de L.-M. avait appuyé de tout son ascendant sur l'esprit de Marie-Louise, le projet de départ : elle avait déjà fait partir ses enfans, et elle désirait d'aller les rejoindre. Dans la nuit où il fut décidé qu'on se rendrait à Rambouillet, on l'entendit rire avec sa femme de chambre, à gorge déployée, dans son appartement, ce qui était au moins bien déplacé.

Cependant la générale avait battu dans Paris toute la nuit : la garde nationale était sur pied; une grande partie des hommes qui la composaient était sans armes : on en demanda au duc de *Feltre*, qui répondit qu'il n'en avait pas : un général Russe a cependant trouvé dans les depôts, à Paris, ce qu'il fallait pour armer 15,000 hommes.

Dès 7 heures du matin, le canon de Belleville et de Montmartre se fit entendre. L'artillerie française était servie par les élèves de l'école polytechnique, jeunes gens de 17 à 20 ans, qui se battirent comme des lions. Ils manquaient de boulets, quand il leur arriva un caisson. Ils l'ouvrirent avec empressement, et en voyant qu'il ne contenait que du pain : ce n'est pas du pain qu'il nous faut, s'écrièrent-ils, ce sont des boulets. — On leur envoya des boulets, et ils étaient de calibre à ne pouvoir s'en servir.

Cependant la capitale, abandonnée à elle-même, organisa un gouvernement provisoire, et capitula avec les troupes alliées, qui y entrèrent le lendemain. Napoléon fut presque témoin de cette entrée, car il arriva le même jour déguisé avec un de ses aides-de-camp pour reconnaître la situation des ennemis. Il perdit alors tout espoir, et retourna à Fontainebleau complétement découragé. Il avait encore, outre les nombreux bataillons de nouvelle levée, 30,000 hommes de vieilles troupes et cette garde si célèbre. Ils demandèrent à grands cris qu'il les conduisît sur Paris, jurant de vaincre ou de mourir sur les ruines de cette ville. L'empereur n'y consentit point : il avait trop fait pour cette ville pour vouloir la détruire. Son refus déplut aux soldats et refroidit leur enthousiasme. Il abdiqua.

L'impératrice n'avait fait que passer à Rambouillet, et s'était rendue à Blois avec le conseil de régence et une partie de la cour. On jouissait en cette ville de la plus grande sécurité, les troupes alliées ne s'étant pas avancées de ce côté. *Marie-Louise* ignorait tout ce qui se passait à Paris. Les arrêtés du gouvernement provisoire, les actes du sénat lui étaient inconnus : on éloignait d'elle tous les journaux;

jamais on ne lui parlait des droits réclamés par S. M. *Louis XVIII* et des vœux alors universels des Français; elle ne prévoyait donc encore d'autres malheurs que la nécessité où serait *Napoléon* de faire la paix à telles conditions qu'on voudrait lui imposer; elle était bien loin de croire d'ailleurs que l'empereur d'Autriche, que son père voulût détrôner son gendre, et priver son petit-fils d'une couronne qui semblait devoir lui appartenir un jour. Ce fut le 7 avril au matin que la vérité lui fut connue. Une de ses premières dames, qui était restée à Paris pour voir la tournure qu'allaient prendre les événemens, vint la joindre, et lui apprit la véritable situation des choses, la disposition des esprits dans la capitale, et l'abdication prochaine et présumée de l'empereur. L'impératrice reconnut alors combien elle avait eu tort de quitter Paris, et prit la résolution d'y retourner sur-le-champ, malgré la présence des troupes alliées dont elle sentait fort bien qu'elle n'avait rien à craindre. Elle crut devoir soumettre cette résolution au conseil de régence, et il fut universellement désapprouvé : on combattit son projet, et elle l'abandonna. Trois jours après, elle apprit l'abdication de Napoléon et son départ pour l'île d'Elbe dont on lui laissait la souveraineté.

Les royalistes cependant n'étaient pas sans inquiétude sur la détermination que prendrait *Marie-Louise*. Non seulement ils craignaient son retour dans la capitale, mais ils ne voulaient pas même qu'elle suivît son mari à l'île d'Elbe, parce qu'on sentait que sa présence auprès de lui pouvait tôt ou tard opérer une réconciliation entre lui et l'empereur d'Autriche. Le prince de *Schwartzemberg*, qui était à leur tête, était le plus ferme soutien du parti de l'impératrice d'Autriche, et par une conséquence toute simple, il détestait *Napoléon* et n'aimait pas *Marie-Louise*. Il était en relation avec madame de L.-M., et avec le peu de personnes qui possédaient la confiance de l'épouse de Napoléon : tous servirent ses projets. M. C......... et le duc de *V*. furent, dit-on, du nombre de ceux qui conduisirent cette intrigue. Dès qu'on vit *Marie-Louise* chanceler sur ce qu'elle avait à faire, et qu'on l'entendit parler d'aller rejoindre Napoléon à Fontainebleau, on fit partir de Blois M. de C******* pour en porter avis au prince de *Schwartzemberg*, qui était alors aux environs de Troyes, et celui-ci fit partir en diligence l'hetman des Cosaques, qui arriva avec sa troupe à l'instant où

Marie-Louise allait se mettre en route pour Orléans.

Pendant ce temps, les conseillers de cette malheureuse princesse employaient toute leur adresse pour la dissuader d'aller rejoindre son mari. On lui représentait d'une part que le climat de l'île d'Elbe serait funeste à sa santé; de l'autre, que Napoléon, précipité du trône, en partie par les armes de son beau-père, et réduit à une petite souveraineté, ne la verrait plus des mêmes yeux que par le passé, et qu'elle aurait à supporter sans cesse ses brusqueries et ses reproches; on ajouta que pour l'intérêt de son fils, elle devait se réunir à son père, qui l'avait toujours aimée; qu'il lui assurerait certainement une principauté préférable à l'île d'Elbe; que peut-être même lui ferait-elle prendre quelque résolution favorable pour son mari. Une seule de ses dames osa lui dire que son devoir et son honneur exigeaient qu'elle suivît Napoléon dans son exil. — Vous êtes la seule qui me teniez ce langage, lui dit l'impératrice; tous mes amis, et notamment M. de *V.....*, me conseillent le contraire. — Madame, reprit celle qui lui donnait cet avis, c'est que je suis peut-être la seule qui ne trahisse pas votre majesté. — Elle ne fut pas crue, et Marie-Louise aima mieux suivre les avis de ceux dont elle aurait dû d'autant plus se méfier, qu'ils commençaient à laisser percer leurs véritables sentimens. « Qu'il me tarde « que tout cela finisse, disait madame de*****, « en déjeûnant avec elle le jour même où l'on « comptait partir pour Orléans : que je vou- « drais être avec mes enfans, tranquille dans « ma petite maison, rue d'Enfer ! »—Ce que vous me dites est bien dur, répondit l'impératrice, les larmes aux yeux, et elle ne lui fit pas d'autres reproches. Cette dame avait déjà déclaré que, quoi qu'il arrivât, elle n'irait pas à l'île d'Elbe, et il est assez vraisemblable que si elle entra dans les vues de ceux qui voulaient séparer Marie-Louise de son mari, ce fut pour ne pas se trouver dans la nécessité de se déshonorer en refusant de la suivre ou de sacrifier son inclination en l'accompagnant.

Enfin, il fut décidé que l'impératrice irait joindre son père à Rambouillet : elle reçut un accueil plus froid qu'elle ne s'y attendait. *François II*. quoique l'aimant toujours, ne pouvait la revoir sans quelque embarras.

Profondément affligée d'un tel accueil, elle tomba malade à Rambouillet et ensuite à Gros-Bois, où elle fut obligée de s'arrêter deux jours. Enfin elle retourna à Vienne en passant par le Tirol, où elle fut forcée de recevoir des fêtes auxquelles son cœur prenait peu de part; mais tels étaient les ordres de *François II.*

Tentative de Napoléon *pour rejoindre* Marie-Louise, *après le 30 mars 1814.*

Pendant le séjour que l'impératrice fit à Blois ou à Orléans, une correspondance avait lieu entre elle et Napoléon, qui l'attendait tous les jours. Elle lui écrivit, le 8 avril, qu'elle avait dessein d'avoir une entrevue avec son père, et d'implorer son appui pour leur fils. Ce projet n'ayant pas obtenu son approbation, elle lui fit écrire que sa santé exigeait qu'elle prît les eaux, et lui demanda son agrément pour le faire. Napoléon prévoyant qu'on voulait le séparer de son épouse, fit partir sur-le-champ un nombreux détachement de sa garde qu'il suivit de près. Mais en arrivant non loin d'Étampes, on apprit que Marie-Louise avait déjà dépassé cette ville en se rendant à Rambouillet, où se trouvait l'empereur François. On ne pouvait songer à la suivre : tout le pays, aux environs d'Étampes, était occupé par les troupes alliées. Napoléon retourna à Fontainebleau, ne doutant pas du cœur de son épouse, et convaincu qu'elle avait été forcée de s'éloigner. Il ne connaissait pas les intrigues dont on l'avait environnée, et il avait peine encore à croire à l'ingratitude de la plupart de ceux qu'il avait comblés de bienfaits. C........ lui reprocha durement de s'être opposé à son bonheur en l'empêchant d'épouser madame de C***** — *Vous allez le faire*, lui répondit Napoléon, *puissiez-vous ne pas vous en repentir!* — Des généraux, des maréchaux l'accablaient de reproches; et enfin c'était le lion malade de la fable, que tous les animaux viennent insulter tour à tour; et le coup de pied de l'âne ne lui fut pas épargné.

Joseph, Jérôme et Marie-Louise.

Après l'occupation de Paris par les troupes alliées en 1814, Marie-Louise, alors à Blois, après avoir hésité long-temps sur le parti qu'elle devait prendre, s'était déterminée à aller joindre son père à Rambouillet: cette résolution ne put rester long-temps secrète. Jérôme et Joseph en furent informés, et pensant toujours, non au salut de l'état, non aux intérêts de cette princesse malheureuse, mais à leur sûreté personnelle, ils conçurent le projet de l'emmener avec eux pour la faire servir en quelque sorte d'otage. Décidés à se rendre eux-mêmes au-delà de la Loire, ils avaient tout disposé pour leur départ et avaient même fait préparer deux voitures pour l'impératrice et sa suite. A l'instant qu'ils avaient fixé pour partir, ils se rendirent chez elle, lui dirent qu'elle et son fils n'étaient plus en sûreté à Blois, que les ennemis pouvaient y arriver d'un instant à l'autre, et qu'il fallait se retirer sur l'autre rive de la Loire. Marie-Louise demanda s'ils en avaient reçu l'ordre de l'empereur. Ils n'osèrent ajouter le mensonge à la violence, et répétèrent seulement qu'il fallait qu'elle partît à l'instant. La princesse résistant encore, ils se disposèrent à l'entraîner de vive force. L'impératrice poussa de grands cris, qui ne tardèrent pas à attirer dans son appartement les officiers de sa garde. Mais les deux rois avaient disparu. Nos deux hercules réunis n'avaient pu résister aux amazones qui se trouvaient près de l'impératrice; et deux ou trois femmes avaient mis en fuite les têtes ci-devant couronnées.

Marie-Louise à Vienne en 1814.

En arrivant à Vienne, la tristesse de Marie-Louise et ses chagrins ne diminuèrent pas : le froid accueil de son père lui perçait l'âme ; elle n'avait d'autre tort avec lui, qu'une lettre, peu respectueuse à la vérité, qu'elle lui avait écrite sous la dictée de Napoléon. Un père oublie et pardonne aisément ; mais François II était entouré de gens qui prenaient soin de rappeler à sa mémoire tout ce qui pouvait l'aigrir contre sa fille. Arrivée à Vienne, elle fut reléguée à Schœnbrünn, où elle recevait assez souvent la visite de ses sœurs, mais rarement celle de son père et de l'impératrice.

On était parvenu à la séparer de son mari, mais ce n'était pas encore assez ; on désirait la déterminer à un divorce et on chargea de l'y décider les personnes en qui elle avait alors le plus de confiance et qui agirent en conséquence. C'étaient M. de B et surtout madame de *Br.....* qui avait remplacé sa dame d'honneur, laquelle ne resta que deux jours à Vienne et en repartit avec M. Corvisart... Madame de *Br...* avoua le fait à Marie-Louise au lit de la mort, et lui en demanda le pardon qu'elle obtint. Elle en fit autant à l'égard de madame de Montesquiou à qui elle avait rendu toutes sortes de mauvais offices tant auprès de Marie-Louise qu'auprès de l'impératrice d'Autriche. Au surplus, tous les efforts furent inutiles ; l'épouse de Napoléon déclara courageusement qu'elle voulait conserver ce titre, et que jamais elle ne donnerait son consentement à aucune demarche tendante à un divorce. Ce fut en vain qu'une auguste personne chercha à alarmer sa délicatesse, et à faire naître dans son esprit des scrupules sur la légitimité de son mariage que le pape persistait à ne pas reconnaître. Tout ce qu'on put en obtenir fut la promesse de se refuser à un rapprochement jusqu'à ce que son mariage eût été reconnu. *Marie-Louise* avait le cœur et l'esprit français, et était véritablement attachée à la nation sur laquelle elle avait régné un moment. Cette circonstance augmentait encore l'aversion qu'avait conçue pour elle cette auguste personne dont nous avons déjà parlé, laquelle avait contre la France une haine invincible. Aussi n'omit-elle rien, ni insinuations, ni propos, ni médisance pour ne pas dire pis, pour aigrir l'esprit de l'empereur contre sa fille. Puissent le repentir qu'elle a témoigné en mourant et les regrets qu'elle en a exprimés, faire oublier ces intrigues indignes du haut rang où elle était assise.

GANACHE, *synonyme* d'HOMME D'ÉTAT.

Napoléon se plaignant un jour à *Marie-Louise* de la conduite de sa belle-mère et des archiducs, après avoir lâché un sarcasme sur chacun, termina en disant : *Quant à l'empereur, votre père, je n'ai rien à en dire, c'est une* GANACHE. L'impératrice ne comprenant pas ce mot, en demanda l'explication aux dames qui se trouvaient avec elle, dès que *Napoléon* fut retiré. Aucune d'elles n'osait lui en donner la véritable signification : on lui dit qu'on désignait par ce mot un homme grave, un homme de poids. L'impératrice n'oublia ni l'expression, ni la définition, et elle en fit un jour un usage assez plaisant. Pendant qu'elle était chargée de la régence, un jour qu'on discutait une question assez importante au conseil d'État, elle remarqua que *Cambacérès* n'avait pas encore parlé. Se tournant vers lui : *Je voudrais connaître votre opinion sur cet objet*, lui dit-elle, *parce que je sais que vous êtes une* GANACHE. *Cambacérès*, à ce compliment, ne put que la regarder d'un air interdit et étonné, en répétant à demi-voix le mot *ganache*. — Oui, répéta-t-elle, une *ganache*, un homme grave, un homme de poids : n'est-ce pas ce que cela signifie. Chacun garda le silence, et l'on continua la discussion.

Buste d'Alexandre Ier.

Pendant le séjour que *Napoléon* fit en 1811, à Amsterdam, il laissa échapper la première marque d'animosité contre le magnanime souverain de la Russie. Dans un cabinet de l'appartement qu'occupait *Marie-Louise*, il se trouvait sur un piano un petit buste très-ressemblant de l'empereur *Alexandre*. Partout où logeait *Napoléon*, il était dans l'usage de visiter lui-même toutes les pièces de son appartement et de celui de l'impératrice. En faisant cette visite, il aperçut le buste, le prit et le mit sous son bras en disant *confisqué*. Cependant il continua sa ronde en causant avec quelques dames qui se trouvaient là. Tout en causant, il oublia le buste, fit un geste et laissa échapper le marbre. Une dame le retint avant qu'il fût à terre, et demanda à *Napoléon* ce qu'elle devait en faire.

Tout ce qu'il vous plaira, répondit-il, mais que je ne le voie plus.

Les mains de Napoléon.

Un jour que *Napoléon* entrait dans un des salons de l'impératrice *Marie Louise*, il y trouva une jeune personne qui y était assise, le dos tourné vers la porte. Il fit signe à ceux qui se trouvaient en face de lui de garder le silence, et s'avançant doucement derrière elle, il lui cacha les yeux avec ses mains. Elle ne connaissait que M. *Bourdier*, homme âgé et respectable, attaché à l'impératrice en qualité de premier médecin, qui pût se permettre une telle familiarité avec elle, aussi ne douta-t-elle pas un instant que ce ne fût lui :—*Finissez donc*, M. *Bourdier, s'écria-t-elle, croyez-vous que je ne reconnaisse pas vos grosses vilaines mains.* — *De grosses vilaines mains*, répéta l'empereur, en lui rendant l'usage de la vue, *vous êtes difficile !* — La pauvre jeune personne fut si confuse, qu'elle alla se réfugier dans une autre pièce.

Murat, prince de mon C...

Quand *Napoléon* créa une nouvelle noblesse, il accorda au général *Lannes*, le titre de duc. Celui-ci ne fut pas content, et il disait hautement qu'il avait mérité celui de prince, mieux que tous ceux qui l'avaient obtenu. Il affichait surtout un profond mépris pour *Murat*, qui cependant était un soldat plein de bravoure. Le jour que celui-ci venait de faire des remercîmens à l'empereur du titre de prince qui lui avait été conféré, Lannes se trouvait avec beaucoup d'autres militaires dans le salon de réception. Lorsque l'huissier ouvrit les deux battans de la porte en annonçant *le prince Murat.* — *Beau prince de mon C..!* dit tout haut le général, en se tournant vers les autres personnes. Ce propos fut rapporté à *Murat*, qui voulut envoyer un cartel à *Lannes*; mais l'empereur le lui défendit.

Le Préfet, mère de qui?

M. *F.....d*, préfet d'un département éloigné de la capitale, était venu pour affaires à Paris, avait reçu, dès le lendemain de son arrivée en cette ville, une invitation à dîner chez le prince *Cambacérès*. Le palais de celui-ci était porte à porte avec celui de la mère de *Napoléon*. Le préfet se trompe de porte, et au lieu d'entrer chez l'archichancelier, entra chez Madame. Le hasard voulut qu'elle reçût ce jour-là grande compagnie. Le préfet déclina son nom, on l'introduisit dans un salon où beaucoup de personnes étaient déjà réunies. Il chercha des yeux *Cambacérès*, et ne l'apercevant point, il prit place dans le cercle sans adresser la parole à personne. — Excusez la liberté que je prends, monsieur, lui dit un de ses voisins; mais il me semble que vous n'avez pas été saluer Madame. — Madame, qui ? dit le nouveau débarqué, qui savait que Cambacérès n'était pas marié. — *Madame Mère*, reprit son voisin. — *Mère de qui ?* demanda le provincial. — Mère de S. M. l'empereur. — Je ne suis donc pas chez le prince *Cambacérès?* — Vous êtes chez la mère de l'Empereur. — Le pauvre préfet, honteux et confus, s'enfuit plus vite qu'il n'était arrivé, et n'eut pas même la présence d'esprit d'offrir quelques excuses. Depuis ce temps, on ne le désigna plus que par le sobriquet de M. *le préfet, mère de qui ?*

Franchise du maréchal Duroc.

Pendant le voyage que *Napoléon* fit en 1811 en Hollande, les colléges électoraux furent assemblés. Le maréchal *Duroc* qui avait présidé celui du département de la Meurthe, se présenta devant l'empereur pendant qu'il déjeûnait un ou deux jours après son retour à Paris. Eh! bien, dit Napoléon que pense-t-on à Nanci de *M*....? C'était un chambellan de l'empereur, né dans ce département, dont les biens y étaient situés, et qui ne jouissait pas d'une grande faveur auprès de son maître. — Sire, répondit le maréchal, il y jouit de l'estime générale. — Cela n'est pas possible, maréchal, c'est une bête. — Je vous demande pardon, sire, ce n'est pas une bête; c'est un homme aimé et considéré, parce qu'il mérite de l'être. — L'empereur se mit à rire et changea de conversation. Il n'aimait pas à être contredit, mais il savait apprécier le courage d'un homme qui, ayant une opinion contraire à la sienne, osait la soutenir avec noblesse.

Napoléon Dieu et Diable.

M. de *Narbonne* ayant visité dans un de ses

voyages plusieurs départemens, Napoléon lui demanda à son retour ce qu'on disait de lui. — Sire, répondit M. de *Narbonne*, les uns disent que vous êtes un *Dieu*, les autres que vous êtes un *Diable*, mais chacun convient que vous êtes plus qu'un homme.

Napoléon en retraite.

Lors de sa retraite de Russie, quand *Napoléon* arriva à Warsovie son premier soin fut de demander à un palatin polonais qui jouissait de sa confiance, si l'on avait déjà vu passer beaucoup de fuyards : l'étranger peu au courant des équivoques de notre langue, lui répondit : Non sire, vous êtes le premier.

Le Colonel Schernicheff.

En 1811, le colonel russe *Schernicheff*, qui était depuis quelque temps à Paris, paraissait tout à fait étranger aux affaires politiques. Il voyait la meilleure compagnie, fréquentait les spectacles, faisait la cour aux plus jolies femmes, avait été l'amant de plusieurs, et ne semblait vivre que pour le plaisir. Enfin le ministre de la police soupçonna que son séjour à Paris pouvait avoir des motifs secrets, et couvrir un mystère qu'il était à propos d'éclaircir. Il fit suivre toutes ses démarches et apprit qu'il avait des entrevues assez fréquentes avec un sous chef des bureaux du ministère de la guerre. Le duc de Rovigo en prévint le duc de *Feltre*, et lui communiqua ses soupçons. Celui-ci le rassura, et lui dit qu'il savait que cette liaison n'était fondée que sur une conformité de goût pour la musique, et qu'elle ne devait donner lieu à aucune inquiétude. La surveillance de la police n'en fut pas moins active, et le ministre apprit un matin que le colonel avait quitté Paris tout à coup la veille au soir. Il ordonna qu'on visitât avec soin l'appartement qu'il avait occupé. On n'y trouva rien à une première inspection ; une seconde visite eut lieu, et un agent de police ramassa beaucoup de petits morceaux de papier qui étaient dans un coin de cheminée. On les porta au duc de *Rovigo*. Ses agens les plus adroits s'occupèrent de les rapprocher et de chercher à en connaître le contenu. La chose fut impossible, mais il fut reconnu qu'ils sortaient d'un des bureaux de la guerre : c'était précisément de celui du sous-chef que le ministre avait soupçonné. Il s'y rendit sur-le-champ, et à l'aide des débris de papier, en comparant quelques mots à demi déchirés, en fouillant dans les cartons où plusieurs papiers avaient été dérangés ou soustraits, il acquit en deux heures de temps la certitude que tous les plans de la campagne de Russie, l'état de nos forces et le tableau de nos moyens avaient été vendus et fournis au colonel russe qui était parti muni de toutes ces piéces. L'ordre de l'arrêter fut transmis aux frontières par le télégraphe; mais quand il arriva à Mayence, *Schernicheff* avait déjà passé cette ville et se trouvait hors d'atteinte. Bien des gens crurent que le duc de Feltre avait eu connaissance de sa mission, et l'avait favorisé sous mains.

Maladresse diplomatique.

Tout le monde sait qu'il y eut en 1813 des conférences à Prague pour amener la paix générale; mais beaucoup de personnes ignorent encore qu'il y en eut à Dresde. Voici, dit-on, ce qui en a anéanti le résultat. Tous les préliminaires étaient convenus, rédigés, et Napoléon était prêt à les signer, quand une maladresse du duc de *Bassano* changea tout à coup ses dispositions. Sire, lui dit-il, en lui présentant la plume qui allait assurer le repos de l'Europe, on ne dira pas cette fois-ci que vous donnez la paix, mais que vous la recevez. — Le duc avait-il quelques motifs secrets pour désirer la continuation de la guerre, ou laissa-t-il échapper ces paroles sans réfléchir aux conséquences funestes qui pouvaient en résulter, c'est ce qu'il est impossible de décider. Quoi qu'il en soit, l'empereur crut voir en ce moment la gloire de toute sa vie éclipsée, jeta la plume loin de lui avec colère, et déclara qu'il ne signerait rien. — La bataille de Leipsick se donna quelques jours après.

Les bagatelles du comte de Lacépède.

Jamais place ne fut si bien remplie que celle de grand chancelier de la légion d'honneur, tant que M. de *Lacépède* en fut investi. Il avait l'art de renvoyer contens même ceux qu'il ne pouvait satisfaire. L'empereur l'avait nommé à la sénatorerie, ce qui, avec la grande chancellerie, lui donnait droit à deux traitemens différens. Pendant plusieurs années il n'en voulut recevoir qu'un seul, donnant aux courtisans avides qui s'engraissaient des prodigalités de l'empereur, un grand exemple de désintéressement. Qu'avait-il besoin d'une grande fortune ? Il avait des goûts simples, vivait sans faste, et consacrait à l'étude tous les momens qu'il pouvait dérober aux affaires publiques. Les âmes vénales qui entouraient Napoléon, virent cette conduite avec peine ; ils la lui firent envisager sous un faux jour, et le comte de *Lacépède* reçut l'ordre de recevoir ses deux traitemens. Il n'en profita que pour se livrer davantage à son penchant pour la bienfaisance. Parmi les traits nombreux que j'en pourrais citer, je me bornerai à un seul.

Un chef de bureau de la légion d'honneur, père de famille respectable, était attaqué depuis plusieurs mois d'une maladie dont les ravages devenaient chaque jour plus sensibles, et dont tous les caractères annonçaient qu'elle était occasionée par le chagrin. Un de ses amis intimes parvint à lui arracher son secret, et apprit qu'une dette de 20,000 fr., contractée pendant la révolution pour faire subsister sa famille, qu'il n'avait encore pu acquitter, et pour laquelle un créancier impitoyable le menaçait tous les mois de poursuites rigoureuses, était la cause de son chagrin et de son mal. Cet ami avait des relations habituelles avec M. le comte de *Lacépède*. Après avoir mûrement réfléchi à la situation du malade, il se rendit chez le grand chancelier et lui en rendit compte. Il ajouta qu'une personne de sa connaissance, homme de mérite et de talent, lui prêterait les 20,000 francs qui lui étaient nécessaires, sans aucun intérêt et sans autre condition que la parole de M. de Lacépède de lui donner sa place, si le chef de bureau venait à mourir, avant de lui avoir remboursé cette somme. — Cela est impossible, répondit le comte après un moment de réflexion ! J'en ai bien du regret, mais ce serait être injuste envers le sous-chef qui remplit ses fonctions depuis sa maladie, et qui mérite d'avoir sa place si ce malheureux événement arrive. — L'intercesseur retourna chez lui peu satisfait du résultat de sa tentative. A peine y était-il arrivé, qu'on lui apporte une lettre du comte de *Lacépède* dont voici la copie littérale :

Monsieur,

« Veuillez remettre à notre ami M... la ba-
« gatelle ci-jointe ; et dites-lui bien qu'il ne

« doit songer à me la rembourser que lorsqu'il
« aura cent mille livres de rente. »

Je suis etc.

B. G. E. L. V. S. comte de Lacépède.

La bagatelle jointe à la lettre, était une somme de vingt mille francs en billets de banque.

Domestiques de Napoléon.

De ses nombreux domestiques, l'empereur n'en trouva que deux qui consentirent, sans se faire grassement payer, à le suivre à l'île d'Elbe. Ce fut MM. Hubert et Pesard, qui cependant étaient attachés à la France par une femme et des enfans qu'ils y laissaient. Il n'en fut pas de même de R... à qui il avait déjà assuré 4 à 5000 francs de rente, et de C... qui, de valet de pied, était devenu son premier valet de chambre. Ces messieurs, assure-t-on, ne voulurent consentir à suivre leur ancien maître qu'à condition qu'il leur ferait donner au premier 30,000 fr., au deuxième 40,000. Le bruit a couru que quand ces sommes eurent été versées entre leurs mains, ils prirent la route de

Paris, la veille du jour de départ pour Porto-Ferrajo.

Les Dévoués.

Napoléon méprisait les hommes, parce que ceux qu'il voyait autour de lui étant presque tous vifs ou corrompus, il ne pouvait concevoir qu'une idée désavantageuse du genre humain. — J'aime beaucoup S., disait-il un jour, parce que si je lui ordonnais, il assassinerait père et mère. Mais ce propos en prouvant qu'il le regardait comme un instrument utile à sa puissance, n'annonce nullement qu'il l'estimât. Au surplus il fallait ce dévouement aveugle et absolu pour conserver ses bonnes grâces, et l'on ne cite guère que Berthier, Duroc et Caulincourt qui l'aient plusieurs fois contrarié sans rien perdre de leur faveur auprès de lui : il était sûr de l'attachement des deux premiers, et le troisième lui avait donné la preuve du plus grand dévouement.

Fierté de Lucien Bonaparte

Murat ne fut nommé roi de Naples qu'au refus de Lucien, qui, lorsque son frère lui proposa cette couronne, lui répondit fièrement que s'il acceptait le titre de roi, il voudrait être le seul maître de son royaume, et pouvoir le gouverner non comme un préfet, mais en prince indépendant.

Correspondance de Charlotte Bonaparte.

A force de sollicitations, les sœurs de Napoléon obtinrent que Charlotte la fille aînée de Lucien fût appelée en France. Elle logeait chez la mère de l'empereur, et celui-ci dans la suite avait conçu le projet de la donner en mariage à Ferdinand prince des Asturies en le rétablissant sur le trône d'Espagne. Malheureusement pour cette jeune personne, elle écrivit à son père une lettre où Napoléon n'était pas ménagé. Elle fut interceptée : on la montra à l'empereur ; et dans le premier mouvement de sa colère, mouvement auquel il résistait rarement, il renvoya sa nièce à Lucien.

Napoléon à la toilette de l'impératrice.

Un jour que Napoléon était dans la chambre de l'impératrice, pendant qu'on l'habillait, il marcha, sans le vouloir, sur le pied de la dame qui présidait à sa toilette, et se mit à l'instant à pousser un grand cri, comme s'il se fût blessé lui-même. — Qu'avez-vous donc, lui demanda vivement l'impératrice. — Rien, répondit-il en partant d'un éclat de rire, j'ai marché sur le pied de madame, et j'ai crié pour l'empêcher de le faire elle-même, vous voyez que cela m'a réussi.

Lœtitia Bonaparte et madame Mère.

Madame de Montebello ne pouvait souffrir *Madame Mère*. Un jour qu'elle venait de lui faire une visite d'étiquette, à l'occasion du jour de l'an, elle osa dire à l'impératrice, en présence de plusieurs dames attachées à son service, qu'elle était heureuse de n'avoir pas trouvée Madame Mère ; mais qu'elle aurait désirée pouvoir écrire sur la carte qu'elle lui avait laissée, que sa visite était destinée non pas à elle personnellement, *mais à la mère de l'empereur*.

Succès de l'éloquence sénatoriale.

Tout le monde connaît la conduite que tinrent les élèves des écoles de droit et de chirurgie, quand en 1814 les ennemis ayant entamé le territoire, marchaient sur Paris. On voulut les organiser en légion ; mais il est quelques circonstances qui n'ont pas été connues du public, et nous croyons devoir raconter ce fait avec tous ses détails.

Toute l'éloquence de leurs professeurs n'ayant pu parvenir à les électriser, le sénateur comte de l'Espinasse reçut l'ordre d'aller haranguer ces jeunes réfractaires. C'était l'homme le moins propre à réussir dans une pareille mission. Il n'était guère connu dans Paris, que par une lésinerie qui aurait pu fournir à Molière des traits dignes de figurer dans son avare.

Il arriva dans un moment où les élèves étaient rassemblés pour écouter la leçon d'un professeur. A peine, eut-il ouvert la bouche que les éclats de rire, les huées, les sifflets, les applaudissemens ironiques lui coupèrent la parole. Après quelques efforts infructueux pour rétablir l'ordre et le silence, il prit le parti de se retirer. Mais un autre accident l'attendait, quelques élèves avaient brisé une roue de sa voiture. Il fut obligé de gagner à pied la place des fiacres la plus voisine, escorté d'environ deux cents jeunes gens qui continuaient à lui faire entendre le même concert qui l'avait accueilli dans la classe, et qui le reconduisirent ainsi jusque chez lui.

Quelques jours après, un autre sénateur se trouvant avec le savant M. Percy, lui témoigna sa surprise, de la conduite qu'avaient tenue en cette occasion les élèves en chirurgie. — Que voulez-vous, répondit celui-ci, nos élèves savent guérir les blessures, mais ils ne veulent pas apprendre à en faire.

Espièglerie despotique.

Pauline Bonaparte, se permit lorsqu'elle fut devenue princesse Borghèse, une espièglerie d'un genre qui ressemble un peu trop à l'abus du pouvoir.

L'hôtel qu'elle habitait à Paris, quoique vaste et commode, ne lui paraissait pas assez étendu. Elle apprit que les appartemens de l'une des deux maisons voisines de la sienne, étaient exactement de niveau avec les siens; aussitôt elle dépêcha un émissaire au propriétaire, pour le prier de la lui vendre, et elle lui en fit même offrir un prix qui était au-delà de sa valeur. C'était un homme à son aise, aimant une demeure qu'il occupait depuis long-temps, et il rejeta obstinément cette proposition avantageuse. La princesse se réduisit alors à lui demander de lui louer la partie du premier étage, qui lui semblait nécessaire pour augmenter ses appartemens. La négociation entamée à ce sujet n'eut pas plus de succès, et l'affaire parut oubliée de part et d'autre. Elle ne l'était pourtant pas des deux côtés. Le propriétaire voisin faisait souvent des voyages à la campagne, pendant la belle saison. Dès que la princesse Borghèse est assurée de son départ, elle fait venir des ouvriers de toute espèce : on perce le mur qui séparait son appartement de celui dont elle convoitait la jouissance ; on démeuble complétement ce dernier, on entasse sur l'escalier tous les objets qui le garnissaient ; on jette sur un fauteuil l'adresse du notaire de la princesse ; on mure intérieurement toutes les portes de communication avec le reste de la maison, et la voilà en possession de sa nouvelle demeure, qu'elle fait meubler et décorer dans le dernier goût.

Tout cet arrangement n'avait pu s'exécuter sans que le portier de la maison en fût instruit. Il se hâta d'écrire à son maître, et l'on juge bien que celui-ci ne tarda pas à arriver. Furieux de se trouver ainsi dépossédé de vive force, il courut chez des avocats, chez des juges, pour demander des avis, pour obtenir justice : partout on eut la sottise de lui conseiller de prendre son mal en patience, et d'aller trouver le notaire dont il avait trouvé l'adresse : personne n'eut le bon esprit de le porter à s'adresser à Napoléon, qui certes n'eût pas ri des hauts faits de son aimable sœur.

Enfin, notre bon bourgeois se rendit chez le notaire qui avait reçu l'ordre de lui verser la somme qui lui avait été offerte, soit pour la vente de sa maison, soit pour la location de l'appartement. D'après les sottes craintes qu'on lui avait inspirées, il pensa qu'un procès pourrait lui attirer des persécutions : trouvant que la somme qu'on lui offrait de sa maison, excédait sa valeur, il signa ce contrat de vente, fort content de s'éloigner d'une voisine si entreprenante.

Gasconade de Murat.

Malgré le grand courage de Murat, il est douteux qu'il se fût élevé au rang de maréchal d'empire, sans son alliance avec la famille Bonaparte. Napoléon ne pouvait souffrir que son beau-frère restât confondu dans la foule des généraux; il le plaçait presque toujours à la tête de son avant-garde, et la valeur impétueuse de Murat obtenait des succès qu'il ne dut jamais à ses connaissances militaires. Il était pillard comme tant d'autres généraux, il aimait le faste et la dépense, et justifiait l'adage *malè parta, malè dilabuntur.* Il y avait à peine six mois que l'empereur lui avait donné le grand duché de Berg, lorsqu'il apprit que son beau-frère, dont il avait plus d'une fois payé les dettes, venait d'en contracter de nouvelles, pour plus de deux cent mille fr. Il le fit venir, le réprimanda sur ses dépenses excessives, et lui dit qu'il ne concevait pas que les revenus du grand duché de Berg ne pussent lui suffire. « Eh! qu'est-ce que c'est que votre grand duché, reprit Murat avec son accent gascon; *en vérité j'y mangé du mien.*

Ambition de la grande duchesse de Berg.

Lorsque Joseph Napoléon monta sur le trône de Naples, sa sœur Caroline, alors grande duchesse de Berg, évitait autant que possible de se rencontrer avec sa modeste belle-sœur, et elle frémissait de rage lorsqu'elle se voyait obligée de lui donner le titre de *majesté.* Ne pouvant résister au démon ambitieux qui l'agitait, elle osa se plaindre très-

3.

vivement à Napoléon, de ce qu'il n'avait pas encore songé à lui donner une couronne. — Vos plaintes m'étonnent, madame, lui répondit-il avec le plus grand sang froid; « on « dirait à vous entendre que je vous ai privée « de la succession du feu roi votre père. »

Le comédien préfet et le préfet comédien.

Elisa, duchesse de Lucques et de Piombino, avait eu pour un comédien ambulant, nommé C....., une fantaisie qui avait duré assez long-temps. Quand l'amour eut fait place à la satiété, il se trouva que C..... avait pris assez d'empire pour se faire craindre, et la faible princesse ne savait comment se débarrasser de l'importun. Elle songea enfin à lui faire avoir une place qui l'éloignât de Paris, et elle alla s'adresser à son frère. C...... avait du talent, et bientôt il fut revêtu de la préfecture d'un des départemens qui avoisinent la Suisse : bientôt encore il fut baron. Le directeur d'une troupe de comédiens, dont C...... avait fait partie assez long-temps, vint à passer par G....., chef-lieu du département. Voulant y donner quelques représentations, il eut besoin de l'autorisation de M. le préfet; mais tous ses efforts pour parvenir jusqu'à lui, avaient été inutiles pendant deux jours. Resolu de faire une dernière tentative, le troisième il se rend de bonne heure à la préfecture, monte rapidement les escaliers, et se trouve nez à nez avec le baron C......, qui était accompagné du secrétaire général et d'un chef de bureau. Il le reconnaît aussitôt, lui saute au cou et s'écrie : Est-ce bien toi mon cher C......! je suis ravi de te revoir, tu-as donc décidément quitté le théâtre ? As-tu un emploi ici ? peux-tu me faire parler au préfet ? Pendant qu'il l'accable de questions, le baron était sur les épines, et ne sachant comment imposer silence à l'indiscret babillard, il l'entraîne dans son cabinet, et se trouvant tête à tête, il lui prodigue les plus vifs témoignages d'attachement, lui promet tout ce qu'il pouvait désirer, et ne tarde pas à lui prouver qu'il est encore comédien. Le directeur, transporté de joie, court faire part à ses camarades de cette heureuse rencontre. L'enthousiasme ne fut pas de longue durée : il reçut une heure après l'ordre de quitter la ville avec sa troupe dans la journée. — Quoique plusieurs personnes nous assurent que cette anecdote est certaine, nous nous plaisons à en douter pour l'honneur du baron C......, qui pourtant a montré, lors d'un procès déplorablement célèbre, qu'il avait autant de talent pour jouer les traîtres dans le mélodrame, que les faux amis dans la comédie.

Véritable place des nobles chambellans.

Napoléon répéta plusieurs fois en parlant de ses chambellans : N'était-il pas juste d'ouvrir la porte de l'antichambre à des gens qui n'ont jamais eu le courage de chercher à obtenir une place dans le temple de la gloire ?

Tout est valet à la cour, hormis le monarque.

Avant qu'on donnât au théâtre français la tragédie de M. Lemercier, intitulée *Agamemnon*, seul bon ouvrage qui soit sorti de la plume de cet écrivain fécond; l'empereur en fit donner une représentation sur le théâtre de la cour. Après le spectacle, il fit appeler l'auteur, et lui dit : Votre pièce ne vaut rien ; de quel droit ce Strophus ose-t-il faire des remontrances à Clytemnestre ? Ce n'est qu'un valet. — Strophus n'est pas un valet, sire; c'est un roi détrôné, un ami d'Agamemnon — Vous ne connaissez guère la cour, répliqua l'empereur ; apprenez qu'en ce lieu, le monarque seul est quelque chose: tous les autres ne sont que des valets.

Le maire constitutionnel.

Lorsque M. de T......, qui à cette époque n'était pas encore prince de B., résolut d'élever au rang honorable de son épouse, une femme aimable et spirituelle, qui jusque-là n'avait été que sa maîtresse, il désira que la cérémonie de son mariage se fît avec le moins de publicité possible. Quels étaient ses motifs ? Il ne nous les a pas fait connaître; mais il est probable que les habitans d'Autun pourraient nous les expliquer. Quoi qu'il en soit, les lois exigeaient alors que tous les mariages fussent célébrés le décadi dans le chef-lieu du canton, immédiatement après la publication des actes du gouvernement, ce qui attirait toujours quelques spectateurs, et ce qui contrariait les vues d'incognito du futur époux. Il avait une maison de campagne à Epinay, à trois lieues de Paris, village qui faisait partie du canton de Pierrefitte. Persuadé qu'un maire de campagne, un paysan, n'oserait faire d'observations sur la demande d'un personnage aussi éminent que l'était M. de T......; il écrivit ,au maire de Pierrefitte de se rendre tel jour, à telle heure, à Epinay, avec ses registres d'état civil, pour y prononcer son mariage et l'inscrire dans les formes ordinaires.

Malheureusement pour les projets du prince, ce maire de village, était un propriétaire à son aise, indépendant, instruit, qui avait même été membre de la première administration du département de Paris, avec MM. de la Rochefoucault, Pastoret, de Lacépède, etc. Il connaissait les devoirs de sa place, et n'était nullement disposé à s'en écarter. Il écrivit donc à M. de T., que sa demande étant contraire à ce que la loi prescrivait, il ne pouvait prendre sur lui d'y obtempérer.

Il faut dire à la louange de M. de T......, qu'il ne montra jamais aucun ressentiment de la conduite de ce maire; mais on assure qu'il trouva dans Paris un maire plus complaisant et moins scrupuleux.

Creux *et* profond *synonymes.*

On fait force epigrammes contre le comte Sieyes, disait un jour le duc de Parme à M. de Talleyrand; on a vraiment tort. Je vous assure que dans les différens discours que je lui ai entendu prononcer à la tribune de nos assemblées, je lui ai toujours reconnu un esprit très-profond. — *Profond* n'est pas le mot, répondit M. de Talleyrand, c'est *creux* que votre altesse voulait dire.

Monseigneur *Dubois* et monseigneur *Maury*.

Lorsqu'il fut question de la réception du cardinal Maury à l'Institut, il demanda que le président de ce corps, dans la réponse qu'il ferait à son discours, le traitât de *monseigneur*. Tout l'Institut fut révolté de cette prétention. On y résista long-temps : le cardinal n'en voulut rien rabattre ; enfin l'on fouilla dans les archives de l'académie française, et l'on trouva que le cardinal Dubois, de vertueuse mémoire, avait reçu ce titre lors de sa réception. Toute difficulté semblait aplanie, mais il s'en éleva une nouvelle : aucun des membres de l'Institut ne voulait présider la séance. L'abbé Sicard finit par s'immoler avec une humilité vraiment chrétienne, et il *monseigneurisa* le cardinal Maury en dépit de toute opposition. Chénier fit à ce sujet l'épigramme suivante :

Dubois aux enfers a bien ri,
Quand il a vu l'académie
Puisant dans son histoire une loi d'infamie
Donner du *monseigneur* au cardinal Maury;
Oh! parbleu, s'écria le cuistre,
J'étais, j'en conviens aujourd'hui,
Vil, insolent et vénal comme lui;
Mais le drôle n'est pas ministre.

Évasion de sir Sydney Smith de la tour du Temple.

Sir Sidney Smith, commodore anglais, à la prise duquel le gouvernement français avait attaché une grande importance, était détenu au Temple, et le concierge avait reçu des ordres particuliers pour le surveiller avec la plus grande exactitude. C'était de tous les prisonniers qui s'y trouvaient, celui qu'il paraissait le plus difficile de sauver. Le courage et le dévouement d'un ami y réussit pourtant. Un matin de très-bonne heure arrive au Temple un homme revêtu de l'uniforme d'officier-général. Il demande à parler au concierge, et lui présente un ordre du gouvernement pour se faire remettre sir Sydney Smith et le nommé James son valet de chambre, et les transférer dans une autre prison d'état. Le concierge examine l'ordre, le trouve en règle, fait la remise de ses deux prisonniers, a soin de s'en faire donner une décharge, et les voit monter avec le général dans un fiacre qui les attendait à la porte.

Ce soi-disant général était M. Philipeaux, émigré rentré, qui, au risque des dangers auxquels il s'exposait, avait imaginé ce stratagême pour sauver son ami ; le prétendu valet de chambre James était un émigré français, à qui sir Sidney Smith avait donné ce nom pour lui sauver la vie. Un accident imprévu pensa pourtant faire échouer l'entreprise. A peine avaient-ils perdu de vue les murs du Temple, que le cocher maladroit accroche une lourde voiture de roulier. La roue du carrosse se brise, la populace s'amasse, et il faut pourtant en sortir. On s'empresse de payer le cocher, on se dérobe aux questions des spectateurs, empressés de s'informer si personne n'est blessé, et l'on gagne à pied sans perdre de temps la place de fiacre la plus voisine. Là les trois amis montent dans une autre voiture, se font conduire dans un hôtel garni rue Croix-des-Petits-Champs, où une chaise de poste les attendait; et grâce à des passeports aussi adroitement fabriqués que l'ordre qui avait ouvert les portes du Temple, ils arrivèrent en Angleterre sans obstacles et sans fâcheuse rencontre.

Tous les cinq jours, on rendait au ministère de la police un compte de la situation des prisons. On peut juger de sa fureur, quand il y lut la translation de sir Sidney Smith dans une autre prison d'état. Il expédia des courriers extraordinaires dans tous les ports et à toutes les frontières; mais il était trop tard; il ne put se venger qu'en prononçant la destitution du concierge. Il ordonna qu'on lui fît tous les soirs un rapport de l'état de chaque prison, et il défendit qu'on délivrât à l'avenir aucun détenu, même avec un ordre signé de lui, sans que cet ordre fût transmis par un de ses agens particuliers qui fût chargé de ce service.

Vertueux démenti.

Le comte Redon se trouvant un jour près du comte R., dans un des salons du palais des Tuileries, celui-ci lui frappa familièrement sur l'épaule, en lui disant : Bonjour, l'ami Redon. — Monsieur, lui répondit celui ci, je ne suis pas votre ami; je ne suis l'ami que des honnêtes gens. R. fit une pirouette et avala cette pilule avec un sang-froid qu'il ne perdait jamais en pareille occasion ; car une humeur querelleuse n'était pas son défaut : on lui reprochait même le contraire ; et il ne fut pas long-temps sans la prouver dans une circonstance décisive.

Familiarité de Dugazon.

Bonaparte conserva long-temps les liaisons d'amitié qu'il avait contractées autrefois; et devenu premier consul, il continua à recevoir familièrement, à St.-Cloud, les amis qu'il avait eus dans une plus humble fortune. Ce qui contribua à le faire changer de conduite à cet égard, c'est que plusieurs d'entr'eux oublièrent ce qui était dû au chef du gouvernement de la France, et le forcèrent par-là à s'en ressouvenir lui-même. Dugazon fut de ce nombre. Un jour qu'il était à St.-Cloud, Bonaparte crut remarquer que l'embonpoint de cet acteur augmentait considérablement : comme vous vous arrondissez, Dugazon ! lui dit-il, en lui frappant sur le ventre. — Pas autant que vous, *petit papa*, lui répondit le comédien, en se permettant le même geste. Le petit papa ne répondit rien, mais Dugazon ne fut plus admis à sa societé.

Correction impériale.

Le G. J. duc de M. passa toujours, malgré le poste éminent qu'il occupa long-temps, pour un homme médiocre. Lors du procès de Moreau, il était chargé de faire rapport à Napoléon deux fois par jour, de tout ce qui se passait au tribunal. Pour en être bien informé il avait posté dans la salle plusieurs agens qui venaient alternativement d'heure en heure lui rendre compte des débats. Ces agens trompèrent le ministre, ou le ministre se trompa lui-même. Le jour où Moreau prononça sa défense, M. trouva son discours fort mauvais et plus propre à nuire à l'accusé dans l'opinion publique qu'à y produire une influence favorable; il en permit l'impression, et à l'instant Paris fut inondé dequelques milliers d'exemplaires.

Dans la soirée, tandis que le G. J. était avec l'empereur, survint Murat qui apportait le discours et qui dit qu'il ne concevait pas comment le G. J. avait pu permettre qu'on l'imprimât. Napoléon lui arracha le papier des mains, le parcourut rapidement, devint furieux et saisissant une *règle* qui se trouvait sur son bureau, il en caressa si bien les épaules de son ministre, que Murat fut obligé de le soustraire à ses coups, en le faisant passer dans une chambre voisine.

Eau bénite de cour.

Un émigré, rentré en France, après avoir obtenu sa radiation de la liste fatale, apprit en y arrivant que tous ses biens avaient été vendus, à l'exception d'un hôtel qu'il avait à Paris, mais qui était occupé par une administration publique : la difficulté était d'en obtenir la restitution. Il s'adressa à un de ses parens qui était l'un des chambellans de l'empereur, et lui demanda son avis ; celui-ci lui dit qu'il fallait préparer une pétition ; mais que pour qu'elle fût utile, il était indispensable de trouver quelqu'un qui la présentât à Napoléon, et qui eût assez de crédit pour la lui faire lire. Après quelques momens de réflexion, il pensa à l'impératrice Joséphine qui lui avait toujours témoigné de la bienveillance, et promit de lui parler de cette affaire.

A peine eut-il prononcé le nom de son parent, que l'impératrice s'écria qu'elle l'avait beaucoup connu avant la révolution, qu'elle se chargeait de son affaire, et qu'elle voulait qu'il le lui amenât le lendemain après l'heure où elle déjeûnait ordinairement. Il court porter cette bonne nouvelle à son ami qui se met à rédiger sa pétition, et le lendemain, à l'heure indiquée, ils arrivent au palais. Joséphine reçoit les deux amis avec les grâces qui ne la quittaient jamais, promet à l'émigré rentré de lui obtenir justice, et lui demande sa pétition; elle la reçoit sans la lire, la dépose sur une table, et les supplians se retirent après s'être épuisés en remercîmens. Le lendemain, le chambellan était de service aux Tuileries, l'impératrice l'aperçoit et lui dit : J'ai remis à l'empereur la pétition de votre parent, nous l'avons lue ensemble; il m'a promis d'y faire droit, ainsi assurez-le qu'il peut être tranquille. Il attendait avec impatience l'instant où ses devoirs lui permettraient d'aller porter à son parent des espérances si flatteuses, quand un valet de pied du château vient lui annoncer que son domestique est au bas du grand escalier et demande à lui parler un instant pour une affaire pressante. Il descend et trouve avec lui le pauvre émigré, la figure alongée d'une aune; il s'empresse de lui faire part de ce qu'il vient d'apprendre; mais quelle est sa surprise, quand son parent lui dit qu'il a commis la veille une cruelle bévue et qu'au lieu de remettre sa pétition, il ne lui a donné que le mémoire de son tailleur.

Ici se termine tout le piquant de l'aventure : le reste purement historique prouvera combien les grands, même ceux qui portent un cœur sensible, s'habituent facilement à distribuer ce qu'on appelle vulgairement de l'*eau bénite de cour*. Les deux amis furent un instant dans l'embarras ; que pouvaient-ils faire ? l'impératrice avait assuré qu'elle avait lu la pétition avec l'empereur, était-il possible d'aller lui dire : madame vous avez menti, car vous n'avez pas cette pièce ? Enfin le chambellan prend la pétition de son parent, l'engage à ne pas se désespérer et remonte au palais. Ayant fait demander à Joséphine permission de lui parler un instant et l'ayant obtenu : « Madame, lui dit-il, mon parent s'est rappelé qu'l a oublié des choses essentielles dans la pétition dont vous avez bien voulu vous charger ; en voici une nouvelle qu'il a rédigée ; comme mon devoir me conduira plus d'une fois aujourd'hui en présence de sa majesté, me permettez-vous de la lui remettre de votre part ? — Très-volontiers, répondit-elle, mais cette précaution était inutile, l'affaire ira d'elle-même ».

Malgré cette assurance, il n'en présenta pas moins la pétition à Napoléon, en lui disant que l'impératrice le priait de vouloir bien y jeter les yeux, il la parcourut rapidement. On ignore si Joséphine lui parla ou non de cette affaire ; mais ce qui est certain, c'est que peu de jours après l'émigré rentra en possession de son hôtel.

Épigramme d'un cuisinier.

Madame la comtesse *** épouse d'un sénateur aussi connu par sa nullité que par son avarice, entendant M. Boulay de la Meurthe dire qu'il venait de dîner chez M. Perregaux, où le poëte le Brun, qui était un des convives, avait au dessert régalé la société d'une excellente épigramme, crut qu'il s'agissait d'un mets recherché. Ne voulant pas paraître avoir une table moins délicatement servie que celle du banquier Perregaux, elle invita M. Boulay à dîner le lendemain en lui assurant que son cuisinier en faisait d'excellentes. Quelle fut le lendemain sa mortification quand son cuisinier, plus instruit qu'elle en littérature, lui apprit qu'une épigramme était une pièce de vers !

Aventure de l'archevêque de Burgos.

Lorsque Napoléon eut attiré les princes d'Espagne et leur cour à Bayonne, l'archevêque de Burgos, vieillard vénérable, se rendit aussi dans cette ville comme membre de la députation de la Junte. Ce digne prélat, qui portait dans son costume une simplicité qui approchait de la négligence, se promenait de grand matin, non loin du port : il fut pris par un invalide, vieux soldat de 1793, homme probe, mais imbu des préjugés de ces temps désastreux, pour un moine espagnol; et comme il conservait contre ces religieux, une rancune qui datait de la guerre de 1794, il crut faire une œuvre méritoire, en rossant avec sa béquille le pauvre archevêque. Napoléon fut instruit du fait; et lui qui outrageait si violemment la majesté des rois dans la personne de Charles IV et de Ferdinand VII, il devint furieux de l'insulte faite à la dignité archiépiscopale. Il fit traduire l'invalide devant un conseil de guerre, et le fit condamner à mort; mais comme l'archevêque avait intercédé en faveur du coupable, il y eut un sursis à l'exécution; et Napoléon dit à l'archevêque : Nous nous reverrons pour terminer l'affaire. Cependant l'invalide restait en prison et paraissait oublié. Quelques mois s'étant écoulés, on reçut l'ordre de le mettre en liberté : cet ordre était daté de Burgos, au palais archiépiscopal, et envoyé par l'archevêque. Voici une galanterie comme en faisait Napoléon, quand il voulait flatter quelqu'un. Il avait blessé l'inquisition, et voulait ménager le clergé espagnol ; il n'avait pas trouvé de meilleur moyen que de rendre l'archevêque, le canal de cette grâce, et c'est pour cela qu'il avait mis cette affaire à l'écart pendant plusieurs mois ! Quelle prévoyance.

Singulière indiscrétion de l'Empereur.

Comme on a déjà pu le voir, Napoléon quelquefois discret jusqu'à la dissimulation, devenait bavard et imprudent quand il se croyait sûr de son fait. Il faillit ainsi à faire échouer plus d'une opération.

Tout le monde était à Bayonne dans la plus grande ignorance de ce qui allait se passer, lorsque Napoléon ayant appris que le prince des Asturies n'était plus qu'à quelques lieues de la ville, il fit appeler les grands d'Espagne qui étaient venus le complimenter, et il leur déclara tout son plan. Ceux-ci étonnés, effrayés même, se remirent en route pour aller au devant de leur souverain. Napoléon eut regret alors de son indiscrétion; et craignant que cette révélation ne portât le prince à retourner sur ses pas ou à s'échapper de toute autre manière, il fit courir le prince de Neufchatel après eux avec un autre officier supérieur, et l'ordre de les arrêter; mais déjà il était trop tard : les grands avaient rejoint le prince des Asturies auquel ils avaient tout déclaré. Malheureusement pour l'Espagne, et pour la France, le prince se crut trop avancé pour reculer, et se rendit à Bayonne malgré cet avis.

L'influence d'un moment.

Quand la bataille de Marengo eut été gagnée, et on sait à quoi elle tint, le premier consul ayant laissé sa suite à l'écart, était entré dans une de ces petites maisons construites au milieu des vignes pour les garder: il arpentait à grands pas au long et au large, cet espace qui n'était ni large ni long; il paraissait absorbé dans une rêverie profonde. Gérard Lacuée, alors son aide de camp, s'approcha de lui, pour lui faire un rapport. Bonaparte l'écoute avec assez de distraction, et lui récite à haute voix et avec chaleur ces quatre vers de la *Mort de Pompée :*

J'ai servi, commandé, vaincu quarante années :
Du monde entre mes mains j'ai vu les destinées ;
Et j'ai toujours connu qu'en tout événement
Le destin des états dépendait d'un moment.

Ce fait rapporté par M. Carion de Nisas, lui avait été raconté par M. Gérard Lacuée quelque temps avant sa mort.

Exemples du *Fort Comique*.

Un grand seigneur de la cour de Napoléon, fatigué de voir jouer souvent Molière et Regnard à Saint-Cloud, disait un jour, avec l'assurance d'un vrai connaisseur : *Messieurs les comédiens, donnez-nous des pièces d'un fort comique dans le genre de Blaise et Babet.*

Épigramme.

Contre un homme de lettres qui le 31 mars

1814 arracha la croix dont il avait été décoré par Napoléon.

> La ******** arracha bien vite
> Le ruban qu'on l'a vu quêter ;
> Il a raison ; c'est la croix de mérite :
> Il n'est pas fait pour la porter.

Il ne faut pas chercher de la justice dans une épigramme : on ne sera donc pas étonné de voir ici refuser du mérite, au premier historien vivant ; mais tout lecteur sensé avouera que l'action inconsidérée qui lui valut les sifflets de la majeure partie des Français, méritait une épigramme. C'était une bien douce leçon.

Les Corses ne sont pas faits pour être esclaves.

Bonaparte n'étant que lieutenant, s'était fait quelques ennemis parmi ses camarades, par son caractère roide et positif. On cherchait donc à *l'humilier chaque fois que l'occasion s'en présentait.* Un jour un de ses camarades dit au milieu d'une conversation : Il fallait que du temps des Romains, les Corses fussent bien vils puisqu'ils n'en voulaient point pour esclaves.

C'est, lui répondit-il avec vivacité, qu'ils n'étaient pas faits pour l'être, et ce refus des Romains est le plus bel éloge que l'on puisse faire de ma nation.

M. Fouché destitué du ministère.

Voici ce qui décida Napoléon à ôter le ministère de la police au duc d'Otrante qui depuis long-temps remplaçait par des rapports mensongers et fabriqués à loisir, la vérité que le monarque avait droit d'exiger de son ministre.

L'empereur fit un jour appeler Fouché et lui dit qu'il désirait avoir le plus tôt possible le tableau du véritable esprit qui dirigeait le parlement d'Angleterre, et de celui qui animait la nation. Fouché promit tout, et sur-le-champ il fit partir pour Londres M. O.... et un négociant hollandais qui devaient s'y rendre sous prétexte d'affaires de commerce, et en effet pour sonder l'esprit public. Les deux envoyés firent plutôt leurs affaires que celles du ministre ; craignant de s'exposer dans un pays où les Français qui ne faisaient que passer étaient surveillés, ils se bornèrent à des spéculations mercantiles, sans se mêler d'aucun objet de politique. Cependant Napoléon avait à Londres même une police particulière établie par Savary, qui surveillait les deux agens, et épiait leurs démarches.

Dès qu'ils furent de retour à Paris, le duc d'Otrante alla rendre compte à Napoléon du résultat de leur mission. En homme accoutumé à sacrifier la vérité pour plaire, il fit un rapport où l'esprit public anglais et l'esprit particulier du gouvernement se trouvaient très-amplement développés ; il vanta surtout le dévouement, la prudence et la sagacité de ses deux émissaires ; ils avaient tout fait pour le service de leur souverain. C'est faux, répondit brusquement Bonaparte ; vos envoyés sont des négligens, et vous, vous êtes un traître : sortez. Fouché voulut entrer dans quelques détails, mais l'empereur lui tourna le dos, et passa dans un cabinet.

En rentrant à son hôtel, le duc d'Otrante apprit qu'il devait céder la place au duc de Rovigo.

Bonaparte dans la Grande Pyramide.

Bonaparte sut toujours captiver les peuples

en se conformant à leurs mœurs et à leur langage : voici comme il parlait aux plaines de l'Égypte dans la Pyramide de Chéops. — « Gloire à Allah ! Il n'y a de vrai Dieu que « Dieu, et Mahomet est son prophète. Le pain « dérobé par le méchant, se réduit en pous- « sière dans sa bouche. — Tu as parlé, répondit « le mufti avec lequel il s'entretenait, comme « le plus docte des Mullah. — Je puis faire « descendre du ciel un char de feu, et le diriger « sur la terre. — Tu es le plus grand capitai- « ne, répondit le Mufti, dont la puissance de « Mahomet ait armé le bras. » Ainsi la force et l'adresse, tout lui était propre pour dominer les hommes ; peu lui importait dans certaines occasions de paraître les flatter, pourvu qu'il les conduisît.

Barras à Bonaparte

Au retour de sa première campagne d'Italie, Bonaparte, alors général, disait un jour en causant avec Barras de l'ascendant qu'il avait pris sur les peuples d'Italie ; qu'ils lui avaient offert de le faire duc de Milan et roi d'Italie. Mais ajouta-t-il, je ne pense à rien de semblable dans aucun pays. — Vous faites bien de n'y pas songer en France, répondit Barras; car si le directoire vous envoyait demain au Temple, il n'y aurait pas quatre personnes qui s'y opposassent. — Ce mot piqua Bonaparte, et dès ce moment il tâta l'opinion publique, et sentit bientôt qu'on n'était pas encore assez dégoûté de la république. Il ajourna ses projets et partit pour l'Égypte.

Où, quand et pourquoi *il faut que les femmes soient politiques*.

Napoléon n'aima jamais qu'une femme se mêlât de balancer les intérêts des états. A l'époque où il n'était encore que général, il se trouva dans un cercle où une femme très-connue par sa beauté, son esprit et la vivacité de ses opinions, venait dans une dissertation très-spirituelle de juger les différens partis qui avaient successivement gouverné la France. Tout le monde joignait son avis au sien et applaudissait à son esprit : Bonaparte seul se taisait; elle s'en aperçut. — Eh! bien, général, est-ce que vous n'êtes pas de mon avis? — Madame, je n'ai pas écouté, parce que je n'aime pas que les femmes se mêlent de politique. — Vous avez raison, général, répondit l'aimable raisonneuse; mais dans un pays où on leur coupe la tête, il est naturel qu'elles aient envie de savoir pourquoi. — Bonaparte ne répliqua rien. C'est un homme que la résistance et une bonne raison apaisent : ceux qui ont souffert son despotisme, doivent en être autant accusés que lui-même.

Mot héroïque de Bernadotte.

Napoléon ne fut pas le seul général français qui sût électriser le soldat par ces mots énergiques qui arrachent la victoire. Bernadotte avait aussi de ces heureuses paroles qui au jour du combat valent de nombreux bataillons à celui qui sait s'en servir à propos. Un jour qu'il passait en revue les jeunes gens de Paris qui allaient partir pour la guerre. « Enfans, leur dit-il, il y a sûrement parmi vous de grands capitaines ». Ces simples paroles électrisaient les âmes, en rappelant l'un des premiers avantages des institutions libres, l'émulation qu'elles excitent dans toutes les classes.

Qu'est-ce qu'un concordat?

Causant un jour avec le sénateur Cabanis, quelque temps après la publication du concordat, Napoléon lui dit : « Savez-vous ce que c'est que le concordat que je viens de signer ? C'est la vaccine de la religion : dans cinquante ans il n'y en aura plus en France. »

Rapport du général Bonaparte sur les commissaires des guerres de son armée. (Italie, 1796.)

..... Il a été indispensable de donner quelques jours de repos aux troupes, de rallier les corps disséminés après un choc si violent (l'attaque du pont de Governolo et de Borgo forte) et de réorganiser le service des administrations absolument en déroute : il y a de ces messieurs, qui ont fait leur retraite tout d'une traite sur le golfe de la Spezzia.

Le commissaire des guerres, Salva, abandonne l'armée ; l'esprit frappé, il voit partout des ennemis ; il passe le Pô et communique à tout ce qu'il rencontre la frayeur qui l'égare ; il croit les Houlans à ses trousses : c'est en vain qu'il court en poste deux jours et deux nuits, rien ne le rassure, écrivant de tous côtés :

Sauve qui peut. Il arrive à deux lieux de Gênes, il meurt après vingt-quatre heures d'une fièvre violente, dans les transports de laquelle il s'écriait : blessé de cent coups de sabre et toujours par les terribles Houlans ; rien n'égale cette lâcheté que la bravoure des soldats. Beaucoup de commissaires des guerres n'ont pas été plus braves. Tel est, citoyens directeurs, l'inconvénient de la loi, qui veut que les commissaires des guerres ne soient que des agens civils ; tandis qu'il leur faut plus de courage et d'habitude militaires qu'aux officiers mêmes. Le courage qui leur est nécessaire doit être tout moral : il n'est jamais le fruit que de l'habitude des dangers. J'ai donc senti dans cette circonstance combien il est essentiel de n'admettre à remplir les fonctions de commissaires des guerres, que des hommes qui auraient servi dans la ligne plusieurs campagnes, et qui auraient donné des preuves de courage. Tout homme qui estime la vie plus que la gloire nationale et l'estime de ses camarades, ne doit pas faire partie de l'armée française. L'on est révolté, lorsqu'on entend journellement les individus des différentes administrations, avouer et se faire presque gloire d'avoir peur....

FIN DE LA CINQUIÈME PARTIE.

MÉMOIRES

POUR SERVIR A LA VIE

D'UN HOMME CÉLÈBRE.

MÉLANGES ANECDOTIQUES.

L'Épreuve avant la Lettre.

Tout le monde connaît la fameuse lettre que l'abbé Maury adressa à l'empereur, et qui lui valut son rappel en France et le chapeau de cardinal. Peu de temps après son arrivée à Paris, se trouvant chez une dame de beaucoup d'esprit, il y vit son portrait supérieurement gravé. — Rien ne pouvait être plus flatteur pour moi, Madame, dit-il, que de voir mon portrait chez vous. — Vous le voyez, Monseigneur : je l'ai eu *avant la lettre* (1).

---

(1) On appelle *avant la lettre* les premières épreuves d'une gravure tirées avant l'inscription.

Le cardinal Maury dans le quartier d'Enfer.

On annonce un jour à la même dame, que la même Éminence, qui d'abord s'était logée en garni, venait de prendre une maison dans le quartier d'*Enfer*. ═ Quoi! déjà! s'écrie-t-elle.

Les deux Princesses.

On dit, mais nous ne l'assurons pas, que Mme S....., ayant eu un jour occasion d'écrire à Mlle Bourgoin, actrice du Théâtre-Français, qui ne manque pas d'esprit, elle signa son billet: *Sophie de Dalmatie*. Mlle Bourgoin signa sa réponse: *Iphigénie en Aulide — Se no vero.*

Le Sucre impérial.

A l'époque où Napoléon favorisait la fabrication du sucre de betterave, on fit une caricature qui représentait M. de Montalivet, ministre de l'intérieur, dans les attributions duquel était cette fabrication, assis sur une chaise sans fond et faisant des efforts comiques pour donner naissance à quelques betteraves qui tombaient sous lui. Le petit roi de Rome, placé à ses côtés, en ramassait une et la suçait. Sa gouvernante, Mme de Montesquiou, lui disait d'un air grondeur: *Fi donc! c'est du caca.* — Oh! que non! Papa dit que c'est du sucre, répondait l'enfant.

La Chasse aisée.

Bonaparte encore premier consul, se trouvant un soir dans une terre nouvellement achetée par un de ses ministres, lui dit qu'il chasserait le lendemain dans le parc qui était joint au château, et dont l'étendue est assez considérable. Le ministre savait qu'il ne s'y trouvait pas une seule pièce de gibier; mais ne voulant pas priver son maître du plaisir de la chasse, il fit acheter dans la soirée tous les lapins de clapier qu'on put trouver dans les environs, et les fit lâcher dans son parc. Mais le lendemain le premier consul fut bien surpris, en se mettant en chasse, de voir que son fusil était inutile, et que le gibier était assez familier pour qu'on pût le prendre avec la main.

La Serviette saisie.

V—., le plus actif et le plus subtil des limiers de la police, se présenta un jour chez un graveur, pour saisir les exemplaires d'une gravure qui déplaisait. Le graveur nia d'abord qu'elle se trouvât chez lui. Mais il fut bien surpris de voir V—. aller directement à l'endroit où la collection était cachée, soigneusement enveloppée dans une serviette. V—. lui montre l'ordre dont il était porteur, et s'empare du paquet. Votre mandat est-il donc aussi donné contre la serviette? lui demanda le graveur.

Talma et Le Kain.

Un soir que l'on venait de représenter sur le théâtre de la cour, *la Mort de Pompée*, tragédie de Corneille, chacun s'extasiait sur la manière dont Talma jouait le rôle de cet illustre Romain. L'empereur avait annoncé qu'il en était content, et en conséquence il était tout simple que tous ses courtisans en fussent enchantés. Un seul gardait le silence et ne paraissait point partager l'enthousiasme général.═Eh! bien, lui dit Napoléon, vous êtes le seul qui ne disiez rien? — Sire, répondit celui-ci, on ne peut plus regretter César ni Pompée, mais il est encore permis de donner des regrets à Le Kain.

Exactitude helvétique.

La femme d'un sénateur, ancienne tricoteuse de Robespierre, devenue comtesse de l'empire, ayant appris que beaucoup de gens comme il faut se faisaient souvent nier par leurs domestiques, jugea qu'il était convenable à sa nouvelle dignité de paraître quelquefois absente, même en restant chez elle, prévint un matin son Suisse qu'elle n'y serait de la journée pour personne; mais lui recommanda de tenir une liste exacte de tous ceux qui pourraient se présenter pour la voir. Après s'être bien ennuyée de sa solitude tout le long du jour, elle demanda cette liste dans la soirée, pour se procurer du moins un instant de distraction. Le premier nom qu'elle y aperçoit est celui de sa sœur, qui, comme elle, avait eu le bonheur d'obtenir un titre. Elle fait venir son Suisse, le réprimande, quoiqu'il eût fidèlement exécuté ses ordres, et lui dit de ne pas oublier qu'elle y est *toujours* pour sa sœur, et de ne jamais lui refuser la porte. Quelques jours ensuite la sœur revint. Le Suisse, non moins exact à sa consigne, la laisse passer. Cependant, quand elle arrive à l'appartement de la comtesse, elle y apprend qu'elle est véritablement sortie. En s'en retournant, elle fait des reproches au portier de ne lui avoir pas évité la peine de descendre de voiture et de monter l'escalier; tandis qu'il devait savoir que sa maîtresse n'était pas chez elle. — Sans doute, Madame, répondit le Suisse imperturbable, je le savais très-bien; mais madame la comtesse m'a dit qu'*elle y était toujours pour vous.*

Bassesse dénaturée d'un courtisan.

M. de Pancemont, curé de Saint-Sulpice, homme respectable sous tous les rapports, avait été nommé évêque de Vannes. Comme il se rendait à son évêché, quelques Vendéens, ne voyant en lui qu'un *intrus*, résolurent de l'empêcher de prendre possession de son évêché, l'enlevèrent au coin d'un petit bois, le retinrent prisonnier dans une grotte, et le pauvre évêque mourut quelque temps après de la frayeur que cet accident lui avait occasionnée. Cet événement fit d'autant plus de bruit, qu'il prouvait que la Vendée nourrissait encore dans son sein un ferment de révolte et de désordres. On fit des recherches pour découvrir les coupables, on en arrêta quelques-uns, qui furent mis en jugement, convaincus et condamnés.

Parmi eux se trouvait le neveu de M. le conseiller-d'état B—. de....... Dès que celui-ci eut appris sa condamnation, il court aux Tuileries, et est introduit dans le cabinet de l'empereur, qui avait près de lui, en ce moment, le grand-juge et quelques conseillers-d'état de la section de l'intérieur. Son premier mouvement fut de se jeter aux pieds de son maître. — Ah! Sire, s'écria-t-il en se cachant le visage des deux mains, quelle funeste nouvelle je viens d'apprendre! — Comte, lui répondit l'empereur, je suis fâché de ne pouvoir vous accorder ce que vous venez me demander. Un exemple est nécessaire. Votre neveu est trop coupable pour que je lui pardonne. — Ah! Sire, reprit M. B., je ne viens pas solliciter de votre clémence la grâce d'un coupable, mais supplier Votre Majesté de ne pas me rendre responsable du crime d'un malheureux que je désavoue, de ne pas m'envelopper dans sa disgrâce, et de voir toujours en moi le sujet le plus fidèle et le plus dévoué.

On peut se figurer la surprise des témoins de cette scène. Napoléon ne put dissimuler le dégoût qu'elle lui inspirait, et tourna le dos sans daigner répondre. M. B., croyant voir dans cette marque de mépris un avant-coureur de sa disgrâce, se retira l'âme navrée, et pleurant, non sur le malheur de son neveu, mais sur la perte de sa faveur.

Madame la Cardinale.

Le cardinal Maury ayant annoncé qu'il prêcherait à Notre-Dame le Vendredi-Saint, un auditoire nombreux était réuni pour l'entendre. Mais le scandale devint aussi général que l'étonnement, quand on vit une dame très-parée le suivre dans la chaire et s'y asseoir derrière lui, chose qui jamais ne s'était vue dans une église catholique. Quelques plaisans se demandaient tout bas si c'était *madame la cardinale*. La vérité était que c'était une italienne d'un rang distingué, qui n'avait pu trouver une place commode pour entendre le célèbre prédicateur, et, comme il la connaissait beaucoup, il lui avait offert celle qu'il regardait comme la meilleure. Mais un autre accident était réservé au célèbre prédicateur; il resta court au milieu de son sermon, n'en put débiter que la moitié, et fut obligé de lire le surplus sur son manuscrit, qu'il avait heureusement apporté.

Les Femmes et les Côtelettes.

On prétend que dans les commencemens de son mariage, Murat battait sa femme assez souvent. Celle-ci, peu accoutumée à cet aimable traitement, en parla à Napoléon, qui en fit de vifs reproches à son beau-frère. Celui-ci lui demanda de quoi il se mêlait; que cela était son affaire, et il termina en lui disant: « Au surplus, ne sais-tu pas que les femmes sont comme les côtelettes ? plus on les bat et plus elles sont tendres. »

Friandise d'un Ambitieux.

Voyant un jour défiler, sous les fenêtres des Tuileries, un régiment de chasseurs à cheval de nouvelle levée, Napoléon s'écria : Le beau régiment ! Cela fait venir l'eau à la bouche ! (1813.) Ce propos peignait à la fois son ambition, sa soif de vengeance et le peu de cas qu'il faisait du sang et de la vie des hommes.

Quelques particularités sur la Conspiration de Mallet.

Mallet, général suspect à l'empereur, enfermé dans une maison de santé sous prétexte de folie, conçut, en 1812, le projet d'une révolution, et osa le mettre à exécution sans plan arrêté, sans complices et sans argent. S'étant échappé de la maison où il était détenu, et s'étant muni de prétendus décrets du Sénat qui annonçaient la mort de l'empereur et nommaient le général Mallet commandant militaire de Paris, il se rend seul, au milieu de la nuit, à une caserne, y lit le soi-disant décret dont il était porteur, et se fait suivre par un régiment qui s'y trouvait. De là il se rend à la prison de la Force, et, en vertu du grade dont il s'était revêtu lui-même, il fait mettre en liberté un officier-général nommé La Horie, sur lequel il croyait pouvoir compter. Celui-ci, avec un détachement du même régiment, se rend à l'hôtel du ministre de la police, lui apprend la mort de Napoléon, lui dit qu'il est chargé par le Sénat de s'assurer de sa personne; et le duc de Rovigo, étourdi de ces deux nouvelles, se laisse prendre comme un mouton. Avant sept heures du matin, il se trouvait sous les verroux, dans la même prison dont La Horie était sorti quelques heures auparavant, et il eut bientôt pour compagnon le préfet de police, qui s'était laissé arrêter avec la même facilité.

Pendant ce temps, Mallet s'était rendu à l'état-major-général de la place, pour arrêter pareillement le général Hullin. Celui-ci ne fut pas aussi confiant que Savary; il demanda à voir le décret du Sénat; et Mallet, feignant de le chercher dans sa poche, en tira un pistolet, fit feu sur le général, et lui fracassa la mâchoire. En ce moment, l'adjudant-général Laborde, homme actif et intrépide, arrivait à l'état-major. Il apprit ce qui se passait, convainquit les officiers qui avaient suivi Mallet qu'ils étaient le jouet d'un imposteur, et s'assura de sa personne.

Il se rendit ensuite au ministère de la police. Il y trouva La Horie, qui, après avoir donné aux commis des ordres pour préparer une lettre circulaire, était en conférence sérieuse avec un tailleur à qui il commandait un habit. Après l'avoir fait arrêter, M. Laborde se rendit à la Force, et fit mettre en liberté le ministre de la police. Enfin, s'étant rendu au département, il y trouva un autre émissaire envoyé par Mallet, et le préfet, aussi crédule que le duc de Rovigo, s'occupant à faire préparer une salle où on lui avait dit que le gouvernement provisoire devait se réunir dans la matinée. A onze heures du matin tout était rentré dans l'ordre.

Marie-Louise était à Saint-Cloud pendant que ce mouvement avait lieu à Paris. On doit dire, à son honneur, qu'elle montra en cette occasion du sang-froid et du courage. Elle donna ordre au peu de troupes qui s'y trouvaient de se mettre sous les armes; mais à peine avaient-elles eu le temps de l'exécuter, qu'elle apprit que les conspirateurs étaient arrêtés.

Voici ce qu'on lit dans un ouvrage imprimé en Angleterre (chez le libraire Colburn), sur la conduite que tint, en cette circonstance, le duc de F.

« .... Ce ministre avait aussi tenu une con-

» duite suspecte lors de la conspiration, ou,
» pour mieux dire, de l'entreprise mal con-
» certée du général Mallet. Il prétendit avoir
» donné des ordres pour le faire arrêter, être
» monté à cheval, et avoir parcouru les rues
» de Paris pour calmer les esprits et les dé-
» tromper. Il est bien vrai qu'il fit tout cela ;
» mais ce ne fut que lorsque Laborde eut ar-
» rêté Mallet, et fait sortir de la Force le duc
» de Rovigo. Jusque-là, il était resté fort tran-
» quille dans son hôtel, et semblait attendre
» l'événement pour se déclarer. »

Les nouvelles de la mort prétendue de l'empereur, et celle plus véritable de l'arrestation
du ministre et du préfet de police, s'étaient
répandues rapidement dans tout Paris sans y
produire aucun effet. On ne vit ni démonstra-
tion de joie, ni signes de chagrin. Les faubourgs
Saint-Antoine et Saint-Marceau, si agités dans
toutes les révolutions, restèrent dans une tranquillité parfaite. Le seul sentiment qui parût
animer les Parisiens était celui qu'éprouvent
les spectateurs d'une partie de dames, la curiosité de savoir comment cela finirait. Le lendemain on n'y pensait plus, que pour lâcher
quelques sarcasmes contre le ministre de la
police, dont on disait, entr'autres choses,

qu'il avait fait, en cette occasion, *un tour de Force.*

Nouvelles manœuvres militaires.

Tandis que Napoléon perdait la plus belle armée dans les frimats de la Russie, on levait en France 300,000 conscrits, qui devaient bientôt rester ensevelis dans les plaines de la Saxe. Cette levée se faisait avec difficulté, et des officiers furent envoyés dans les départemens pour l'accélérer. Le colonel R........ ayant été chargé d'aller dans les départemens de la Bretagne, en faisant sa tournée, il ordonna au maire d'une commune de ranger sur trois lignes de hauteur tous les hommes que le sort avait frappés, afin qu'il pût les répartir entre les différentes armes auxquelles leur taille pourraient les faire appartenir. Pendant que le maire exécute cet ordre, il prend un léger repas qu'il avait commandé. Il avait à peine terminé, qu'il reçoit du maire un message dans lequel il le priait de l'excuser s'il n'avait pu remplir tout-à-fait ses intentions; mais il lui avait été impossible de ranger ses hommes autrement que sur deux lignes de hauteur. Il l'engageait même à venir sans délai au lieu du rendez-vous, attendu qu'il ne se flattait pas de pouvoir maintenir cet ordre bien long-temps. Le colonel ne conçoit rien à cette nouvelle. Il court sur la place publique, et y trouve ses futurs soldats rangés littéralement sur deux lignes de hauteur, c'est-à-dire un homme monté à califourchon sur les épaules de l'autre.

Peu après, le même officier étant dans le département du Nord, faisait faire l'exercice à feu à de nouvelles recrues : l'un d'eux mit trois cartouches dans son fusil. Lorsqu'on commanda de faire feu, la violence du coup renversa l'apprenti héros. Un de ses camarades le relève, et un autre allait ramasser son fusil, quand il s'écria vivement : Prenez bien garde ! j'ai chargé trois coups et je n'en ai encore tiré qu'un. — C'était afin de ne pas recharger si souvent son arme qu'il avait *inventé* cet expédient. Eh bien ! qui le croirait ? ce nigaud mérita la croix d'honneur quelques mois plus tard sous les murs de Dresde !

La grippe *de Josephine.*

Une qualité que Bonaparte possède éminemment, c'est la discrétion. Il la porta dans ses amours; aussi combien d'intrigues, combien d'aventures galantes ne sont-elles pas restées inconnues ! Cependant son caractère emporté le poussant souvent à des scènes violentes, il déchira plus d'une fois un voile qu'il aurait voulu rendre impénétrable aux yeux de lynx des courtisans. Depuis quelque temps, la duchesse de R. avait l'honneur de plaire au souverain de la France. Cette dame avait pris, selon son élégante expression, l'impératrice Joséphine *en grippe*, et c'était par de continuels sarcasmes qu'elle témoignæ' *sa grippe*. Plus d'une fois Napoléon lui avait témoigné combien cela lui déplaisait, et l'aimable duchesse recommençait de plus belle. Un jour que son époux, qui était revêtu d'un des premiers emplois, était allé coucher dans une maison de campagne qu'il possédait au nord de Paris, son aimable infidèle partagea la couche impériale. Après quelques momens donnés au plaisir, Napoléon dit en riant : Comment est-il possible, duchesse, qu'amie des ébats amoureux comme vous l'êtes, vous avez pris pour époux un homme d'aussi mauvaise réputation en amour que le duc....... — Probablement la belle fut piquée de cette question, car au lieu d'y répondre, elle se livra *à sa grippe*, et fit de Joséphine le portrait le plus ordurier et le plus sanglant. Napoléon veut lui imposer silence; mais la duchesse qui se sent au lit, se croit la reine du lieu, et continue de plus belle. Alors l'empereur, que cette conduite irrite, entre en fureur, saute du lit, en arrache la duchesse et la pousse dans l'antichambre, où il la laisse après lui avoir jeté ses vêtemens. La pauvre duchesse erre au milieu des antichambres, où quelques sentinelles veillent en silence et où quelques laquais éteignaient les lumières. En vain elle cherche un cabinet : c'est entre un grenadier de la garde et un valet qu'elle est obligée de se revêtir, et c'est à l'aide du bras de ce dernier qu'elle regagne son hôtel en silence.

Le mari courtisan, ou la vengeance manquée.

Napoléon partageait une autre fois son lit avec la jeune comtesse D., qui n'avait cédé à ses vœux que pour avoir le plaisir de soumettre à son esprit railleur le dominateur de l'Europe. Saisissant le moment où son royal amant oubliait l'univers dans une voluptueuse extase, elle s'écrie avec un rire sardonique : *L'Empereur des Français, le Roi d'Italie, le Médiateur de la Fédération suisse, le Protecteur de la Confédération du Rhin, le vainqueur de l'Europe* SE PAME. A ce mot, l'empereur, furieux, sort du lit et entre dans un cabinet.

La folle comtesse rit aux éclats; et pensant bientôt que le prince irrité calme sa bile en se livrant au travail, elle s'endort.

Cependant Napoléon s'est habillé; bientôt il quitte Saint-Cloud et se rend aux Tuileries. Aussitôt il fait avertir le comte D. que son épouse, qu'il croyait dans ses terres, est malade à Saint-Cloud. Sur-le-champ le mari prend sa voiture, s'y rend, demande à voir son aimable moitié. Quel est son étonnement, quand un valet-de-chambre, qui est au fait, l'introduit dans la chambre de l'empereur! La belle était plongée dans un sommeil réparateur : son mari l'appelle, et elle croit que c'est son amant qui vient sceller la paix; et, fidèle à son caractère, elle lui dit, à moitié endormie : Eh bien! Sire, tu ne te *pâmes* plus? Le mari étonné croit qu'elle est dans le délire, demande des médecins; mais la belle s'éveille, et bientôt le mari, au lieu de médecins, demande une explication. La comtesse sentit qu'elle n'avait rien à dissimuler dans l'état où elle était et avoua tout. Le mari, furieux, lui fit un long sermon sur le danger où il était désormais de perdre la faveur du souverain, et se rendit aussitôt au lever, où il pria Napoléon de ne pas le rendre responsable des inconséquences de sa femme.

Appareil royal d'un Consul républicain.

On a remarqué que le jour où Napoléon, premier consul alors, se rendit à Notre-Dame pour l'inauguration du concordat et le rétablissement du culte, il était dans les anciennes voitures du Roi, avec les mêmes cochers, les mêmes valets-de-pied marchant à côté de la portière; il s'était fait dire, jusque dans le moindre détail, toute l'étiquette de la cour; et bien que premier consul d'une république, il s'appliqua tout l'appareil de la royauté.

Le Premier Consul veut qu'on se garantisse de sa tyrannie éventuelle.

Au printemps de 1804, Bonaparte fit venir chez lui quelques sénateurs pour leur parler négligemment, et comme d'une idée sur laquelle il n'était pas encore fixé, de la proposition qu'on lui faisait de se déclarer *Empereur*. Il passa en revue les différens partis qu'on pouvait adopter pour la France : une république, le rappel de l'ancienne dynastie, enfin la création d'une monarchie nouvelle; et tout cela, comme un homme qui se serait entretenu des affaires d'autrui, et les aurait examinées avec une parfaite impartialité. Ceux qui cau-

saient avec lui le contrariaient avec la plus énergique véhémence, toutes les fois qu'il présentait des argumens en faveur d'une autre puissance que la sienne. A la fin Bonaparte se laissa convaincre : « Hé bien, dit-il, puisque vous croyez
» que ma nomination au titre d'empereur est
» nécessaire au bonheur de la France, prenez
» au moins des précautions contre ma tyrannie;
» oui, je vous le répète, contre ma tyrannie.
» Qui sait si, dans la situation où je vais être,
» je ne serai pas tenté d'abuser du pouvoir? »

Les sénateurs s'en allèrent attendris par cette candeur aimable dont les conséquences furent la suppression du tribunat, l'établissement du pouvoir unique du conseil-d'état, le gouvernement de la police, etc., etc., etc.....

Ou un lit de brocard, ou une botte de paille.

L'intrépide maréchal Masséna, couvert de blessures et impatient d'en recevoir encore, demandait pour son hôtel un lit tellement chargé de dorures et de broderies, qu'on ne put sur-le-champ trouver de quoi satisfaire à son désir. — Eh bien! dit-il alors dans sa mauvaise humeur, donnez-moi une botte de paille et je dormirai très-bien dessus. — En effet, il n'y avait point d'intervalle pour ces braves entre la pompe des Mille et une Nuits et la vie rigide à laquelle ils étaient accoutumés dans les camps.

Flexibilité du Code Napoléon.

Peut-on avoir une législation fixe dans un pays où la volonté d'un seul homme décide de tout; où cet homme, mobile et agité comme les flots de la mer pendant la tempête, ne peut même supporter la barrière de sa propre volonté, si on lui oppose celle de la veille quand il a envie d'en changer le lendemain? Prêt à rendre un décret important, Napoléon fut arrêté par un conseiller-d'état, qui s'avisa de lui représenter que le Code Napoléon s'opposait à la résolution qu'il allait prendre. Après un mouvement de mauvaise humeur et un instant de réflexion : — Eh bien! lui dit-il, le Code Napoléon a été fait pour le salut du peuple, et si ce salut exige d'autres mesures, il faut les prendre. — Quel prétexte pour une puissance illimitée que celui du salut public!

Corneille apprécié par Napoléon.

En se promenant dans le parc de Saint-Cloud avec un artiste distingué, Napoléon, après avoir long-temps parlé de politique, en vint à la littérature : on parla tragédie, et il exalta Corneille au-dessus de tous les hommes du siècle de Louis XIV.—La raison d'état, voyez-vous, a remplacé chez les modernes le fatalisme des anciens : Corneille est le seul des tragiques français qui ait senti cette vérité. S'il avait vécu de mon temps, je l'aurais fait mon premier ministre.

J.-J. Rousseau jugé par Bonaparte.

Il dit une autre fois, en parlant de Jean-Jacques Rousseau : —C'est pourtant lui qui a été cause de la révolution. Au reste, ajouta-t-il en riant, je ne dois pas m'en plaindre, car j'y ai attrapé le trône.

Pourquoi le peuple romain aimait-il ses mauvais Empereurs?

Un jour M. Suard, l'homme de lettres français qui réunissait au plus haut degré le tact de la littérature à la connaissance du grand monde, parlait avec courage devant Napoléon, sur la peinture des empereurs romains dans Tacite.—Fort bien, dit Napoléon; mais il devait nous expliquer pourquoi le peuple romain tolérait et même aimait ses mauvais empereurs. C'était là ce qu'il importait de faire connaître à la postérité.

Le Général plus républicain que courtisan.

Au retour de Notre-Dame, le jour de la cérémonie du rétablissement du culte, Napoléon se trouvant au milieu de ses généraux, leur dit: — N'est-il pas vrai qu'aujourd'hui tout paraissait rétabli dans l'ancien ordre? — Oui, répondit l'un d'eux, excepté deux millions de Français qui sont morts pour la liberté, et qu'on ne peut faire revivre.

La Légitimité, selon l'Archevêque de Tours.

Lorsque Bonaparte fut empereur, il nomma l'archevêque d'Aix à l'archevêché de Tours. Celui-ci, dans un de ses mandemens, exhorta la nation à reconnaître Napoléon comme souverain *légitime* de la France. Le ministre des cultes se promenant alors avec un de ses amis, lui montra ce mandement et lui dit : « Voyez, il appelle l'empereur grand, généreux, illustre, tout cela est fort bien ; mais c'est LÉGITIME qui est le mot important dans la bouche des prêtres. »

Moyens employés pour dépopulariser M. de Melzy.

Le duc de Melzy, qui a été pendant quelque temps vice-président de la république Cisalpine, était un des hommes les plus distingués que cette Italie, si féconde en tout genre, ait produits. Né d'une mère espagnole et d'un père italien, il réunissait la dignité d'une nation à la vivacité de l'autre ; et je ne sais si l'on pourrait citer, même en France, un homme plus remarquable par sa conversation et par le talent, plus important et plus nécessaire, de connaître et de juger tous ceux qui jouaient un rôle politique en Europe. Le premier consul fut obligé de l'employer, parce qu'il jouissait du plus grand crédit parmi ses concitoyens, et que son attachement à sa patrie n'était mis en doute par personne. Bonaparte n'aimait point à se servir d'hommes qui fussent désintéressés, et qui eussent des principes quelconques inébranlables ; aussi tournait-il sans cesse autour de Melzy pour le corrompre.

Après s'être fait couronner roi d'Italie, en 1805, Bonaparte se rendit au Corps-Législatif de Lombardie, et dit à l'assemblée qu'il voulait donner une terre considérable au duc de Melzy, pour acquitter la reconnaissance publique envers lui : il espérait ainsi le dépopulariser. Madame de Staël était alors à Milan, et elle vit le soir le duc de Melzy, qui était au désespoir du tour que Napoléon lui avait joué sans l'en avertir en aucune manière. Comme le nouveau monarque se serait irrité d'un refus, elle conseilla à M. de Melzy de consacrer tout de suite à un établissement public les revenus dont on avait voulu l'accabler. Il adopta cet avis, et, dès le jour suivant, en se promenant avec l'empereur, il lui dit quelle était son intention. Bonaparte, après un instant de méditation donné à la surprise de voir son projet déjoué, saisit le bras du duc, et lui dit avec véhémence : = C'est une idée de madame de Staël que vous dites là, je le parie ? Mais ne donnez pas, croyez-moi, dans cette philantropie romanesque du dix-huitième siècle. Il n'y a qu'une seule chose à faire dans ce monde, c'est d'acquérir beaucoup d'argent et de pouvoir ; tout le reste est chimère..

Définition des Français.

Les Français, disait un jour Bonaparte, *sont des machines nerveuses*. Et il voulait expliquer par là, le mélange d'obéissance et de mobilité qui est dans leur nature.

Sévérité de l'Étiquette.

L'étiquette que Bonaparte avait établie dans sa cour était tel, que quand il y aurait eu quatre cents personnes dans son salon, un aveugle aurait pu s'y croire seul, tant le silence qu'on observait était profond. Les maréchaux de l'empire, au milieu des fatigues de la guerre, au moment de la crise d'une bataille, entraient-ils dans la tente de l'empereur pour lui demander ses ordres, il ne leur était pas permis de s'y asseoir; on assure même, (mais c'est madame de Staël qui le dit, et dans tout ce qui regarde Bonaparte elle est très-passionnée), que causant tête-à-tête avec le roi Louis, il le tint debout pendant deux heures, sans lui permettre de s'asseoir. Celui-ci, forcé par sa mauvaise santé de s'appuyer contre la muraille, souffrait beaucoup; et Napoléon ne lui offrit pas une chaise. Il demeurait lui-même debout, continue l'auteur que nous venons de citer, de crainte que quelqu'un n'eût l'idée de se familiariser assez avec lui pour s'asseoir en sa présence.

Bernadotte appelé au trône de Suède.

Loin que Napoléon eût souhaité que Bernadotte, prince de Ponte-Corvo, fût choisi par la nation suédoise, il en était très-mécontent; et Bernadotte avait raison de craindre qu'il ne le laissât pas sortir de France. Bernadotte a beaucoup de hardiesse à la guerre, mais il est prudent dans tout ce qui tient à la politique, et sachant très-bien sonder le terrain, il ne marche avec force que vers le but dont la fortune lui ouvre la route. Depuis plusieurs années il s'était étroitement maintenu auprès de l'empereur entre la faveur et la disgrâce; mais ayant trop d'esprit pour être considéré comme l'un de ces militaires formés à l'obéissance aveugle, il était toujours plus ou moins suspect à Napoléon, qui n'aime pas à trouver réunis dans le même homme un sabre et une opinion. Bernadotte, en racontant à Napoléon comment son élection venait d'avoir lieu en Suède, le regardait avec ces yeux noirs et perçans qui donnent à sa physionomie quelque chose de très-singulier. Bonaparte se promenait à côté de lui, faisant des objections, que Bernadotte réfutait le plus tranquillement qu'il pouvait, tâchant de cacher la vivacité de son désir; enfin, après un entretien d'une heure, Napoléon lui dit tout-à-coup : *Hé bien, que la destinée s'accomplisse !* Bernadotte entendit très-bien ces paroles, mais il se les fit répéter, comme s'il ne les eût pas comprises, pour mieux s'assurer de son bonheur. *Que la destinée s'accomplisse !* redit encore Napoléon ; et Bernadotte partit pour régner en Suède.

Fermeté du prince Lucien.

Lucien, né fier et indépendant, ne voulut jamais se plier aux caprices de Napoléon. Quelque temps avant leur rupture définitive, celui-ci prétendit l'humilier, et lui reprocher d'une manière un peu forte certaines faiblesses qui sont le partage d'une âme sensible : Napoléon qui voulait que toute sa famille pliât sous sa volonté de fer, eût désiré que Lucien portât la même dureté au sein de la sienne. Ces reproches irritèrent Lucien : ═ Monsieur, lui dit-il dans la chaleur de son ressentiment, quelle que soit la supériorité que le hasard, autant que les talens vous ait donnée sur vos proches, il n'est pas décent de la leur faire sentir à tout moment. Je suis le seul de la famille qui ne tremble pas devant vous, je le sais ; mais cette exception me fait honneur : et pour vous prouver que je ne suis point fait pour éprouver vos dédains, je sors à l'instant de chez vous, pour n'y plus rentrer ; mais n'oubliez pas que je suis votre aîné, et point du tout votre courtisan. ═ Cette sortie ferma la bouche à Napoléon, qui ne put que répondre : Je me le tiens pour dit. Néanmoins, il l'envoya chercher le lendemain.

Bonaparte à Kaminieh en Égypte.

Voici un trait dont en vain on cherche à se rendre raison; il est d'une singularité piquante.

Le général Bonaparte se trouvant à Kaminieh (Egypte), entouré de son état-major et d'une quarantaine de guides, fit faire halte près d'un groupe d'arbres. Après s'être promené quelques minutes d'un air soucieux, il s'écarta du gros de la troupe, et disparut bientôt, caché par une petite monticule. On s'inquiétait déjà de ce qu'il était devenu, quand on l'entendit appeler un de ses secrétaires, et celui-ci courut vers le lieu où était le général, suivi de deux guides, Talbot et Réguillot, tous deux simples soldats de sa garde. Dès qu'ils eurent rejoint Bonaparte, il demanda à son secrétaire s'il avait de l'argent sur lui; et, sur sa réponse affirmative, il lui dit de le suivre, ainsi qu'aux deux guides. Bientôt ils arrivèrent près de quatre misérables chaumières, dans l'une desquelles Bonaparte entra le premier. Dans cette chaumière était une femme malade, couchée sur une natte étendue sur des feuilles sèches, un morceau de toile de coton d'une blancheur éblouissante servait de couverture; tout, dans cette chaumière, présentait l'indigence, mais tout aussi y était d'une propreté recherchée. Près de la malade était une jeune fille d'environ seize ans, brune et d'une beauté parfaite. Elle n'avait nullement l'air étonné; elle considérait Bonaparte de la tête aux pieds. Il demanda alors à son secrétaire s'il connaissait la langue du pays assez pour se faire entendre. Celui-ci répondit qu'il pouvait se faire entendre des habitans des villes, mais qu'il ignorait le patois des campagnes. A ce moment, Réguillot, l'un des guides qui avaient suivi le général, dit en patois à la jeune fille, qu'elle était en présence du général en chef de l'armée française. A ces mots, elle sourit, se leva et lui baisa le bras entre la main et le coude; elle allait continuer, quand le général lui fit signe de se rasseoir. Il chargea alors Réguillot de l'interroger et sur la maladie de la mère et sur leur situation. On apprit alors que la malade était sa mère, et qu'elle était dans cet état depuis que son fils avait suivi le pacha Djezzar. La jeune fille ajouta, en versant beaucoup de larmes, qu'elle était au désespoir de ne pouvoir procurer à sa mère les secours dont elle avait besoin, vu l'extrême misère où les avait réduit le départ de son frère. Ses larmes redoublèrent alors. Bonaparte parut ému, et, la prenant dans ses bras, il la serra sur son sein et la baisa sur le front d'une manière expressive. Il demanda ensuite à son secrétaire ce qu'il avait d'argent. Bonaparte l'ayant compté (il contenait, en monnaie du pays, 127 francs de France), il fouilla dans ses poches, puis remit le tout dans une bourse avec un geste d'impatience; il prit la main de la jeune Egyptienne et y déposa la bourse : elle l'ouvrit aussitôt, fit un cri de joie, jeta l'argent sur le lit de sa mère, et se jeta au cou du général, qu'elle embrassa fortement. Bonaparte, cependant, a pris son air soucieux, et comme embarrassé des caresses de cette naïve enfant, il la repousse tout à coup rudement, et s'éloigne rapidement de ces malheureux à qui il venait de rendre le bonheur.

La France sous le scellé.

Le général Vandamme disait à Bonaparte, quelques jours après la mitraillade de Saint-Roch : = Qu'avez-vous fait là, général! Les Parisiens ont bonne mémoire; je ne sais si quelque jour vous n'aurez pas à vous en repentir. — Laissez donc, lui répondit-il, ne voyez-vous pas que c'est mon cachet que je mets sur la France?

Cromwell incomplet.

Le cardinal Fesch trouva un jour Bonaparte, encore jeune, lisant l'*Histoire de Cromwell*. Il lui demanda ce qu'il pensait de ce célèbre personnage ? = Cromwell, répondit-il, est un bon ouvrage, mais il est incomplet. = L'oncle, qui croyait que son neveu parlait de l'ouvrage, lui demanda qu'elle faute il reprochait à l'auteur ? — Morbleu ! lui répliqua vivement Bonaparte, ce n'est pas du livre que je vous parle, mais du personnage.

Songe du petit Napoléon.

Le 21 mars 1814, Marie-Louise se trouvant, vers minuit, dans un appartement voisin de celui où couchait le jeune Napoléon son fils, elle fut surprise de l'entendre pleurer et crier fortement; elle courut, effrayée, auprès de lui, et le trouva dormant, mais agité par de fortes crispations de nerfs. Elle l'éveilla et l'interrogea. L'enfant se jeta à son cou, et lui dit : = J'ai vu papa ! mais d'une manière si effrayante ! Il n'en put dire davantage, et pleura beaucoup. Marie-Louise fut, malgré elle, vivement agitée de ce rêve, qui lui fit naître de fâcheux pressentimens : c'est ce qu'elle exprimait à son auguste époux, dans une lettre interceptée le 25 mars par un corps de troupes alliées.

Le Premier Consul devant Bard.

Le fameux passage du mont Saint-Bernard faillit être arrêté par le fort de Bard. Le premier consul vint examiner cet obstacle ; il consulta le général *Marescot* sur la possibilité d'escalader le fort, et, malgré sa réponse négative, il ordonna l'attaque de vive-force de la première enceinte palissadée, et l'escalade et l'assaut du corps de la place. Pendant que le général Berthier faisait les dispositions nécessaires, Bonaparte, après avoir expliqué lui-même à un officier supérieur, bien choisi parmi les braves pour conduire la principale attaque, comment il devait exécuter ses ordres, prit à part le général Marescot, et lui dit : = Cet officier n'entend pas ce qu'il a à faire, et l'assaut manquera. — Ce trait est remarquable, il avait vu et jugé par ses propres lumières ; il avait confiance en celles de Marescot ; mais il calcula et ce qu'il en coûterait d'hommes et l'importance de l'obstacle, et voulut tenter la seule chance du succès, la faiblesse du commandant autrichien, Ainsi, il fallut sacrifier quelques centaines de braves, avec la certitude de ne pas réussir.

Un Émigré aide-de-camp de Napoléon.

M. de Bussy, ayant émigré dans le commencement de la révolution, avait obtenu la permission de rentrer en France, il y a environ dix-huit ans; il vivait paisiblement en son château, dans les environs de Craonne, après avoir recouvré une partie de sa fortune. L'empereur, que venait de combattre le maréchal Blücher, le 7 mars, à Craonne, avait l'intention de lui livrer une bataille plus décisive ; mais comme il ne connaissait pas suffisamment le pays, et qu'il était mécontent des guides qu'il avait eus jusqu'alors, il ordonna qu'on lui en proposât un *qui ait le sens commun.* On lui nomma alors M. de Bussy comme l'homme le plus intelligent de ces environs. ⸺ Qu'on aille le chercher, qu'on me l'amène ici, et qu'on m'éveille dès qu'il sera arrivé, dit Napoléon. Il était six heures du soir.

On vint trouver M. de Bussy, et lui signifier que, par ordre de l'empereur, il devait être conduit devant S. M. M. de Bussy, qui avait eu jusqu'au 6 mars des Russes dans son château, crut que l'intention de Bonaparte était de le faire punir d'avoir trop bien reçu l'ennemi chez lui pour éviter leurs dégâts. Cependant, les ordres de se rendre près de Napoléon étaient précis; à peine obtint-il le temps de faire seller un cheval pour faire le trajet. A minuit, il arriva au quartier-général. On éveille l'empereur. M. de Bussy fut introduit. Il l'interroge avec vivacité sur la localité du terrain, sur les observations qu'il peut avoir faites relativement aux armées des alliés, et, satisfait de ses réponses, il ordonne qu'on prenne soin de lui, qu'on lui donne à souper, et lui déclare que le lendemain il doit l'accompagner. Le 8, Blücher obtint quelques avantages, et les troupes françaises se retirèrent. M. de Bussy rendit de grands services, en indiquant les chemins qu'il fallait prendre. Le 9, il suivit Napoléon dans toutes ses courses. Le 10, M. de Bussy, ne pouvant plus servir de guide dans un pays qu'il ne connaissait pas, demanda la permission de se retirer, d'autant que son cheval n'en pouvait plus. Bonaparte lui dit alors : ⚌ J'ai été content de vous; restez avec moi; je vous nomme colonel, et vous fais mon aide-de-camp. Je vous ferai donner ce qui vous est nécessaire en chevaux et en uniformes pour vous équiper. Et M. de Bussy le suivit.

Lorsque Napoléon fut décidé, à Fontainebleau, d'abdiquer, il lui dit : ⚌ Vous avez eu du malheur d'avoir fait ma connaissance à la fin de ma carrière; mais voulez-vous m'accompagner dans mon exil? j'aurai soin de vous. — M. de Bussy s'en excusa, et Napoléon continua de le combler de preuves de confiance.

La Vieille Femme et Napoléon.

Le lendemain de la bataille de Craonne, il y eut quelques engagemens où nos troupes eurent du désavantage. Une vieille femme, qui s'était sauvée de sa cabane dans les bois, s'approcha de Napoléon, qu'elle ne connaissait pas, et lui dit : = Mais il paraît que l'empereur est battu? — Eh! oui, f....., lui dit-il; et il quitta le champ de bataille au galop, en disant : Peste soit de la vieille !

Harangue de cinquante pages, ni plus, ni moins.

Lorsque Napoléon allait en Russie, pour y perdre l'empire et son armée, il passa à Posen, où il reçut les vœux des Polonais, et la visite des ministres du grand-duché. Dans l'audience qu'il donna à ces derniers, il s'occupa de la diète, et du mode qui devait être observé à son ouverture. Le comte de Mathuchewitz, ministre des finances et membre de la commission qui devait présenter l'état de situation du duché, était chargé de faire le rapport. Napoléon, habitué à dicter chez lui ce que ses ministres devaient présenter, voulut laisser celui-ci libre, et crut lui donner du champ, en lui disant: = Je ne vous gêne pas, dites ce que vous voudrez: faites cinquante pages.

L'habitude de la servilité avait tellement gagné tous les esprits, interdit toute réflexion, effrayé sur les conséquences de s'écarter de ce que l'on regardait comme un ordre, même dans les choses les plus indifférentes, que le pauvre comte de Mathuchewitz aurait cru commettre un crime de lèze-majesté au premier chef, faire avorter à jamais le rétablissement de la Pologne, s'il avait eu la témérité de faire quarante-neuf ou cinquante-une pages au lieu de *cinquante* qu'il croyait prescrites par les paroles de l'empereur. Un pareil attentat ne pouvait pas être moins puni. En conséquence, il avait composé cinquante mortelles pages, qui, pour plus de respect, étaient de la longueur des rôles des procureurs. Qu'arriva-t-il? La commission s'endormit, et l'abbé de Pradt fut obligé d'en composer un autre.

Tacite, Gibbons et Machiavel appréciés par l'empereur.

Napoléon causant à Aix-la-Chapelle avec M. de Jacobi, en 1804, lui dit : — Tacite a fait des romans; Gibbons est un clabaudeur; Machiavel est le seul livre qu'on puisse lire.

Présomption d'un ambitieux avant la conquête.

En partant, en 1812, de Dresde pour l'expédition de Russie, voici comme Napoléon comptait conduire ses affaires. — Je vais à Moscou, disait-il à un de ses courtisans qui aujourd'hui se défend de l'avoir été, une ou deux batailles en feront la façon. L'empereur *Alexandre* se mettra à genoux; je brûlerai Thoula (1) : voilà la Russie désarmée. On m'y attend. Moscou est le cœur de l'empire : d'ailleurs je ferai la guerre avec du sang polonais. Je laisserai 50 mille Français en Pologne; je fais de Dantzick un Gibraltar; je donnerai 50 millions de subsides par an aux Polonais : ils n'ont pas d'argent; je suis assez riche pour cela. Sans la Russie, le système continental est une bêtise. L'Espagne

---

(1) Grande manufacture d'armes de l'empire de Russie.

me coûte bien cher; sans elle je serais le maître de l'Europe. Quand cela sera fait, mon fils n'aura qu'à s'y tenir : il ne faudra pas être bien fin pour cela.

Un plus beau trône vacant que celui de Lombardie.

Peu après la bataille de Lodi et la prise de Milan, un ministre étranger faisait entrevoir au général Bonaparte la possibilité d'un établissement dans la Lombardie comme prix des services que sa position lui permettait de rendre. — Il y a, lui répondit-il en souriant, un plus beau trône que cela vacant.

La cavalerie du duc de Bassano.

L'habitude de singer le maître avait rendu le duc *de Bassano* un despote en sous-ordre, qui croyait que la nature même devait se pétrir à ses ordres. Se trouvant à Varsovie en 1812, il avait commandé une remonte en Moldavie et voyait déjà une formidable cavalerie s'élever à ses ordres. Quelqu'un lui fit l'objection que ces chevaux, à demi-sauvages et venant de si loin, auraient besoin de quelques mois pour être propres au service militaire — Monsieur, répondit-il avec vivacité, on prend un cheval, on campe un homme dessus, et voilà de la cavalerie.

Retour de Russie. Du sublime au ridicule il n'y a qu'un pas.

Nous venons de voir le langage de *Napoléon*, lorsqu'il partait pour l'expédition de Moscou. Voyons quel est celui qu'il tenait aux Polonais, lorsqu'à son retour il passa à Warsovie; c'est en prenant l'homme aux momens de crise qu'il se montre à nu.

Le 10 décembre, une mauvaise caisse de voiture, montée sur un mauvais traîneau à moitié fracassé, et suivie de deux autres traîneaux découverts, traverse les rues de Warsovie et s'arrête à l'hôtel d'Angleterre. Deux hommes couverts de fourrures avaient quitté le premier traîneau au pont de Praga et le suivaient à pied : le maître de l'hôtel étonné reconnaît Napoléon et Caulincourt. Bientôt Rustan a quitté, ainsi qu'un valet de pied, le troisième traîneau, et ils viennent aider le général Lefebvre Desnouettes et un officier d'ordonnance à sortir du second où ils étaient enfouis dans un lit de pelleteries, triste reste des immenses magasins que les flammes avaient dévorés à

Moscou. Napoléon fait un geste impératif qui supprime les respects et impose le silence à l'aubergiste. Il se fait introduire dans une salle basse, dont il ferme les volets pour ne pas trahir son *incognito*, et il envoie chercher son ambassadeur près le duché, M. de Pradt, archevêque de Malines. Il s'informa alors de la situation de la Pologne, s'irrita de ce qu'elle n'était pas plus brillante, et conclut à arrêter les Russes dans et par ce malheureux pays. Comme M. de Pradt n'était pas de l'opinion que cela fût possible, il ajouta : = Il faut lever dix mille cosaques polonais ; un cheval et une lance suffiront : on arrêtera les Russes avec cela. = Il congédia ensuite le prélat, et lui recommanda de lui amener, après son dîner, le comte Stanislas Potocki et le comte Mathuchewitz, ministre des finances. L'archevêque et les deux Polonais se rendirent à trois heures dans la mauvaise salle enfumée du cabaret où dînait Napoléon-le-Grand. Voici quelques passages de sa conversation : = Depuis combien de temps suis-je à Varsovie ?... Depuis huit jours ?.... Eh ! bien, non, depuis deux heures, = dit-il, en riant, sans autre préparation ni préambule. = Du sublime au ridicule il n'y a qu'un pas. Comment vous portez-vous, monsieur Stanislas ?

Et vous, monsieur le ministre des finances? ⹀
Sur les protestations réitérées de ces messieurs
de la satisfaction qu'ils éprouvaient à le voir
sain et sauf après tant de dangers. ⹀ Dangers!
pas le moindre. Je vis dans l'agitation ; plus je
tracasse, plus je vaux. Il n'y a que les rois fai-
néans qui engraissent dans les palais ; moi, c'est
à cheval et dans les camps. Du sublime au ridicule il n'y a qu'un pas. Je vous trouve bien
alarmés ici?— C'est que nous ne savons que ce
qu'apportent les bruits publics.⹀Bah! l'armée
est superbe. J'ai cent mille hommes. J'ai toujours battu les Russes. Ils n'osent pas tenir devant nous. Ce ne sont plus les soldats d'Eylau
et de Friedland. On tiendra dans Wilna. Je vais
chercher trois cent mille hommes. Le succès
rendra les Russes audacieux. Je leur livrerai
deux ou trois batailles sur l'Oder, et dans six
mois je serai encore sur le Niémen. Je pèse plus
sur mon trône qu'à la tête de mon armée ;
sûrement je la quitte à regret, mais il faut surveiller l'Autriche et la Prusse ; et, sur mon trône,
je pèse plus qu'à la tête de mon armée. Tout
ce qui arrive n'est rien : c'est un malheur ; c'est
l'effet du climat ; l'ennemi n'y est pour rien, je
l'ai battu partout. On voulait me couper à la
Bérésina ; je me moquais de cet imbécille d'a-

miral....,.. (Il ne put jamais articuler son nom.) J'avais de bonnes troupes et du canon ; la position était superbe : mille cinq cents toises de marais, une rivière. == Il ajouta beaucoup de choses sur les âmes fortement trempées, puis, sur les âmes faibles, et il continua : == J'en ai vu bien d'autres ! A Marengo, j'étais battu jusqu'à six heures du soir ; le lendemain, j'étais maître de l'Italie. A Esling, j'étais le maître de l'Autriche. Cet archiduc avait cru m'arrêter ; il a publié je ne sais quoi ; mon armée avait déjà fait une lieue et demie en avant ; je ne lui avais pas fait l'honneur de faire des dispositions, et on sait ce que c'est quand j'en suis là. Je ne puis pas empêcher que le Danube grossisse de seize pieds en une nuit. Ah ! sans cela, la monarchie autrichienne était finie ; mais il était écrit au ciel que j'épouserais une archiduchesse (cela fut dit avec un grand air de gaîté). De même, en Russie, je ne puis pas empêcher qu'il gèle. On vient me dire tous les matins que j'ai perdu dix mille chevaux dans une nuit ; c'est que nos chevaux normands sont moins durs que les Russes ; ils ne résistent pas passé neuf degrés de glace : de même des hommes ; allez voir les Bavarois ; il n'en reste pas un. Peut-être dira-t-on que j'ai resté trop long-temps à Moscou? cela peut être; mais il faisait beau; la saison a devancé l'époque ordinaire; j'y attendais la paix. Le 5 octobre, j'ai envoyé Lauriston pour en parler. J'ai pensé aller à Pétersbourg; j'avais le temps; dans les provinces du midi de la Russie; à passer l'hiver à Smolensk. On tiendra à Wilna. J'y ai laissé le roi de Naples. Ah! ah! c'est une grande scène politique. Qui ne hasarde rien n'a rien. Du sublime au ridicule il n'y a qu'un pas. Les Russes se sont montrés. L'empereur Alexandre est aimé. Ils ont des nuées de Cosaques. C'est quelque chose que cette nation. Les paysans de la couronne aiment leur gouvernement. La noblesse est montée à cheval. On m'a proposé d'affranchir les esclaves, je n'ai pas voulu; ils auraient tout massacré : c'eût été horrible. Je faisais une guerre réglée à l'empereur Alexandre; mais aussi qui aurait cru jamais qu'on frappât un coup comme celui de la brûlure de Moscou? Maintenant, ils nous l'attribuent; mais ce sont bien eux. Cela eût fait honneur à Rome. Beaucoup de Français m'ont suivi : ah! ce sont de bons sujets; ils me retrouveront, etc., etc., etc. =

Telle fut, mot pour mot, cette fameuse conversation, dans laquelle Napoléon montra à découvert son génie hasardeux et incohérent, la fluctuation de ses idées entre dix projets divergens, ses projets passés et ses dangers à venir. Le résultat de cette entrevue fut pour les Polonais un prêt de six millions, que Napoléon consentit à leur faire. Enfin, il monta dans son traîneau, et comme on lui adressait des souhaits pour sa santé et l'issue de son voyage, il répondit : = Je ne me suis jamais mieux porté ; quand j'aurais le diable au corps, je ne m'en porterais que mieux. = Et le traîneau qui portait César et sa fortune disparut. *Du sublime au ridicule il n'y a qu'un pas !*

Influence du Combat de Valontino.

Pourquoi faut-il que la volonté d'un seul homme, son caprice, ses passions, décident du sort des empires ? Napoléon, étonné de la marche que prenait la guerre de 1812, pensa un moment s'arrêter, et attendre au printemps de 1813. Déjà les ordres étaient donnés pour qu'on prît les quartiers d'hiver autour de Smolensk. Mais l'empereur s'étant porté sur le terrain où avait eu lieu le combat de Valontino, à l'aspect des positions enlevées avec tant de bravoure par la division Gudin, il ne put y tenir, et s'écria : = *Avec de pareilles troupes, on de-*

vrait aller au bout du Monde ; à Moscou! Et l'on se remit en marche.

Napoléon avoue deux fautes.

Napoléon, qui ne fut pas satisfait de la manière dont l'abbé de Pradt remplit l'ambassade du grand-duché de Varsovie, disait : = *J'ai fait deux fautes en Pologne : celle d'y envoyer un prêtre, et de ne pas m'en faire roi.*

Combat de Brienne, en 1814.

Dans la nuit qui précéda le combat de Brienne, Napoléon était couché dans une chaumière, où il recevait les avis, qui se succédaient, sur la marche des ennemis. Après plusieurs heures d'angoisses causées par le chagrin de voir que tous leurs mouvemens étaient l'accomplissement du plan le mieux combiné, un aide-de-camp vint lui annoncer que la chaussée de Brienne n'était occupée par aucun corps ennemi. Cette nouvelle le remplit de joie ; il trouvait l'ennemi en faute, et espérait frapper un coup décisif. Il se leva aussitôt, et dit avec vivacité ces paroles qui décélaient la pensée de toute sa vie : = *Je puis donc encore être le maître du Monde.*

Résistance dédaignée.

L'habitude de vaincre et de commander avait ôté à Napoléon l'idée qu'il pût trouver une résistance; et s'il en rencontrait, elle excitait sa fureur, si elle venait d'un sujet, et un souris de dédain accompagné d'une explosion d'orgueil, si elle venait d'un étranger. Lorsqu'il eut le projet de rétablir le royaume de Pologne, il fit entamer une négociation avec l'empereur François, pour échanger la Gallicie contre les provinces Illyriennes. L'Autriche nomma M. de Metternich, qui s'aboucha avec le prince de Wagram. Un refus fut le résultat de cette courte négociation. Le prince de Wagram s'étant rendu au lever de l'empereur, celui-ci lui demanda le résultat : = Eh! bien, où en est-on? — Il fait des difficultés, il ne veut pas. = Alors, Napoléon, prenant cet air et ce ton qui décèlent chez lui une forte agitation de l'âme : = Plaisant homme qui prétend faire de la diplomatie avec moi !.... = Après cette sortie, qu'il fit suivre de plusieurs termes de dédain, il se retourna vers ceux qui l'entouraient, en disant : = *C'est bien une preuve de la faiblesse de l'esprit humain, que de croire pouvoir lutter contre moi.*

A bas le traîneau !

Si Napoléon exposa ses soldats aux plus grands dangers, on ne peut nier qu'il ne partageât avec eux les périls et les souffrances; plus d'une fois il mangea le pain de munition du dernier de ses gardes, et fort souvent on le vit se rafraîchir au bidon du premier corps-de-garde qu'il rencontrait. Si quelquefois, oubliant le malheur de ses soldats, il se montra au milieu d'eux avec les jouissances du luxe, le premier murmure lui rappela et leurs souffrances et ses devoirs.

Pendant la retraite de Russie, l'empereur parut un jour, avec un bon traîneau, bien chaudement enveloppé dans des pelleteries, et abrité par le dessus d'une chaise de poste qu'on avait attaché au traîneau. Les soldats, mécontens de le voir si bien, tandis qu'ils étaient si mal, se mirent à crier : *A bas le traîneau !* Napoléon n'hésita pas; il s'élance hors du traîneau, demande un cheval et un manteau, et galope au milieu des neiges. Bientôt il rencontre de nouveaux pelotons de sa garde : un officier veut les forcer à lui rendre les honneurs militaires; mais ils répondent que quand ils auront du pain ils perdront volontiers leur temps, mais que pour le moment ils ont bien autre chose à faire. L'officier se fâche ; et Napoléon lui crie : = *Ils ont raison.* = Plus loin, il trouve un vieux sergent blessé, à demi nu, qui marmota en le voyant : *Il est bien heureux d'avoir un manteau.* Napoléon le regarde, et lui dit : = *Allons, ne te plains pas, et viens le chercher.*

Efforts du jeune Hervas pour sauver les Bourbons d'Espagne.

Quand Napoléon envoya le général Savary en Espagne pour décider le prince des Asturies à se rendre à Bayonne, il voulut donner à ce général, qui ne connaissait ni la langue ni les usages du pays où il se rendait, un guide qui connût la cour d'Espagne. Son choix tomba sur un jeune Espagnol, M. Joseph d'Hervas, fils du marquis d'Alménara, et beau-frère de Duroc, duc de Frioul. Ce jeune homme, plein d'amour pour sa patrie, prévoyait les malheurs qui allaient l'accabler, et résolut de détruire, s'il était possible, l'effet de la mission de Savary. Il fit tous ses efforts pour dessiller les yeux des ministres espagnols : ce fut en vain. A Vittoria, lorsqu'il apprit que le départ du prince des Asturies pour Bayonne était arrêté, il dit à M. Offaril, ministre de la guerre : = Si on emmène le roi et sa famille, tout est fini : au nom de tout ce qu'il y a de plus sacré, parlez et empêchez qu'ils ne partent. ═ Il eut ensuite une conférence avec le duc de l'Infantado ; mais il ne put le détourner de ce voyage. Le prince des Asturies connut trop tard combien il avait raison, il lui dit : ═ Hervas, je sais ce que tu as fait pour nous ; je ne l'oublierai pas. ═ Il paraît que Ferdinand a oublié les promesses du prince des Asturies ; car s'il n'a pu récompenser le généreux d'Hervas qui est mort, il eût pu récompenser le père, et celui-ci est exilé de sa patrie.

Première insurrection de Madrid.

Le premier engagement qu'il y eut entre les troupes françaises et les Espagnols, eut lieu à Madrid, le 4 mai 1808. Des écrivains espagnols, patriotes exaltés, et des Français qui se sont donnés la tâche de souiller leur patrie, se sont plus à parler de cette affaire comme d'une *boucherie*, où les Français s'étaient conduits comme des bourreaux. Rétablissons les faits.

Madrid était vivement agité depuis les scènes d'Aranjuez ; le départ successif des membres de la famille royale, l'occupation de la capitale et de plusieurs forteresses, par les Français, fesaient fermenter un mécontentement général. Il ne restait plus que l'infant D. Antonio et son neveu l'infant D. Francisco, et encore le jour de leur départ était désigné. Le 2 mai, jour où il devait avoir lieu, la cour du palais se remplit, dès la pointe du jour, de femmes et d'ouvriers attirés par la curiosité et l'inquiétude. Le silence et la tranquillité régnaient partout, quand un cas fortuit vint faire éclater une insurrection.

Un aide-de-camp du grand-duc de Berg se présenta au palais ; on crut qu'il venait demander la personne de l'infant et hâter son départ. Aussitôt le peuple se souleva : l'officier français demanda main-forte à une patrouille qui vint à passer. L'alarme devint générale, et au bout d'une demi-heure on combattait sur tous les points de la ville. Long-temps de généreux citoyens, tels que MM. Offaril et Azanza, cherchèrent à calmer le peuple ; enfin ils obtinrent du grand-duc de Berg qu'il ferait arrêter le feu et la marche des troupes, et le général français Harispe s'adjoignit à eux pour le rappel de l'ordre. Les membres du Conseil de Castille s'étaient aussi interposés entre les combattans, et le calme fut bientôt rétabli. Une amnistie fut publiée et la paix régna. Le manifeste du Conseil de Castille porta le nombre des habitans morts ce jour-là à 104, celui des blessés à 54, et celui des individus dont le sort resta inconnu, à 35. Les Français souffrirent beaucoup plus : leur perte dépassa 500 hommes, et leur conduite fut calme et exempte de tout emportement contre la foule qui les provoquait de toutes manières.

Expliquons maintenant ce qui a valu tant de reproches aux Français, et ce qui a autorisé les exagérations des auteurs qui ont parlé de cette journée. Ce fait est d'autant plus important que c'est ce qui a donné aux Espagnols cette haine féroce qui a causé tant de scènes horribles. La responsabilité doit en peser toute entière sur le général en chef, car il fut sourd aux représentations de tous les officiers-généraux employés sous lui. Plusieurs individus avaient été faits prisonniers les armes à la main ; l'amnistie eut dû les faire rendre à la liberté, mais Murat s'y opposa et voulut un exemple. On les livra à une commission, et la nuit même ils furent fusillés dans le Prado.

Cette mesure si injuste et si impolitique fit la plus funeste impression ; les Espagnols ne revenaient pas de la promptitude d'une exécution qui avait privé des secours de la religion les condamnés auxquels l'usage d'Espagne est d'accorder beaucoup de temps pour en profiter. Encore aujourd'hui les Espagnols ne parlent de cette exécution qu'avec le sentiment de cœurs ulcérés.

Menaces de Napoléon à l'envoyé helvétique.

En 1812 la confédération suisse refusa un moment d'accepter diverses mesures que lui prescrivait Napoléon. Celui-ci furieux de la résistance, envoya chercher l'envoyé de la république et lui dit : Votre république résiste, mais qu'elle songe qu'elle n'a rien à y gagner. Dites-lui que si j'y rêve à minuit, je fais marcher avant l'aurore soixante mille hommes, et je vous réunis à mon empire.

En quoi Bonaparte veut imiter Louis XIV.

Bonaparte hésita long-temps s'il ferait la révolution du 18 brumaire les armes à la main, ou s'il se présenterait seul au Conseil des Cinq-Cents pour leur intimer l'ordre de se dissoudre. Cette question fut agitée entre les conjurés, et l'on cherchait quels moyens prendre pour réussir sans avoir besoin de l'armée, car la majorité craignait la redoutable influence des bayonnettes. Bonaparte, qui depuis régna par l'armée, avait le bon esprit de penser à cette époque qu'un ordre de choses imposé par l'épée n'était pas stable, et il voulait une révolution purement civile. Cependant le temps pressait, et faute de moyens prompts il fallut se résoudre à se servir de la garnison de Paris. Bonaparte y consentit enfin et dit : Si je m'y présente avec des troupes c'est pour vous complaire, messieurs; car, en vérité, j'ai la plus grande envie d'y paraître, comme fit jadis Louis XIV au parlement, en bottes et un fouet à la main.

Résumé de la Révolution.

Murat félicitait Bonaparte de son élévation au consulat : = La république ne pouvait moins faire pour vous. — Ni moi non plus, répondit le consul, je ne pouvais rien faire de moins pour elle. Puis, il ajouta : Bien des gens voudraient que je fusse un des tomes de la collection des gouvernemens qu'a eus la France : mais, non, il est temps *qu'elle se résume.*

Prétendue tentative d'assassinat.

Pendant une séance du conseil-d'état, Napoléon, incommodé par la chaleur, passa dans la salle de spectacle, voisine de celle où se tenait le conseil. Aucun jour ne pénètre du dehors dans la salle où il était; il chercha un siége, s'assit, et médita un moment sur le sujet qu'on agitait. M. D...., auditeur, s'étant égaré dans les corridors; il parvint à la salle de spectacle, et se prépara à la traverser. Par une précaution assez naturelle que lui inspirait l'obscurité du lieu, il marcha en tâtonnant et en étendant les bras devant lui. Tout-à-coup sa main tombe sur un homme qui jette un grand cri. L'auditeur se sauve, et Napoléon, qui était l'homme que M. D.... avait touché, prétendit qu'on avait voulu attenter à sa vie. C'était en 1813. Le château fut sévèrement défendu à tout étranger pendant huit jours, et les grands de l'Etat vinrent féliciter S. M. d'avoir échappé au péril imminent qui l'avait menacé.

Ignorance de la Noblesse espagnole au sujet de la Cour de France.

A Bayonne, on fut généralement frappé, en 1808, du défaut de connaissance que les personnes attachées à la cour d'Espagne montrèrent sur l'état de la France : hommes et choses, elles ignoraient tout. Elles montraient beaucoup de cette curiosité, de cet étonnement qui tiennent à l'indolence nouvellement secouée, et voyaient avec stupéfaction quelques-uns des généraux les plus connus de la cour française : aussi, Napoléon disait-il : = Je suis bien sûr que ceux-ci ne conspireront pas; il n'y en a pas deux en état de distinguer madame de *Montmorency* de madame *Maret*.

Transaction du duc de l'Infantado.

Aussitôt que *Joseph Bonaparte* fut arrivé à Bayonne, son frère voulut, dès le soir même, le faire reconnaître roi d'Espagne. En conséquence, il ordonna aux députés réunis à Bayonne de s'assembler par classes d'état ou de profession, et de préparer, chacune à part, un discours de félicitation pour le nouveau roi. Ces hommes, mandés à l'improviste, se réunirent à la fois dans le grand salon de Marac, et chacun de son côté se mit à composer son discours. Qui fût entré dans ce moment sans savoir ce qui se passait, eût pu se croire dans la classe d'un collège. La composition terminée, on introduisit dans la pièce attenante au salon le chef de chaque classe. Il lisait le discours à Napoléon, qui, en vrai maître d'école, indiquait des corrections avec la pédanterie d'un régent de collège. Enfin, quand le discours était agréé, les députations étaient admises devant Joseph.

Cette manière de composer les discours donna lieu à une scène entre Napoléon et le duc de *l'Infantado*. Le discours de ce seigneur n'exprimait pas une reconnaissance formelle, mais seulement des vœux pour le bonheur de Joseph, par l'Espagne, et pour celui de l'Espagne, par Joseph. Une bonne reconnaissance, bien formelle, bien prononcée, était ce qu'il eût fallu à Napoléon : il n'était pas homme à se contenter de ces épanchemens de tendresse ou d'espérance ; aussi prit-il feu et s'emporta-t-il contre le duc. On entendait des salles voisines toutes ses paroles : ═ Il ne faut pas tergiverser, Monsieur ; reconnaître franchement, ou refuser de même. Il faut être grand dans le crime comme dans la vertu. Voulez-vous retourner en Espagne, vous mettre à la tête des insurgés ? je vous donne ma parole de vous y faire remettre en sûreté : mais souvenez-vous que si alors vous retombez entre mes mains, je vous fais fusiller dans les vingt-quatre heures. ═ Le duc cependant défendait le terrain, et ne paraissait pas séduit par l'offre du sauf-conduit. Une nouvelle sortie de Napoléon l'emporta enfin ; le duc plia, et même, atterré par la pétulence de son adversaire, il laissa échapper ces mots : ═ Allons, Sire, j'ai fait une bévue.

Napoléon hésite de consommer l'affaire d'Espagne.

Quand Napoléon se rendit à Bayonne, il avait bien l'intention de soumettre l'Espagne à sa domination; mais n'avait aucun plan déterminé, et, selon son génie hasardeux, attendait que les circonstances le décidassent. Il est même très-certain que s'il eût pu prévoir les suites immenses que cette expédition a eues, il ne s'y serait pas embarqué, et se serait contenté de créer une princesse impériale qu'il eût donnée en mariage au prince des Asturies, lequel l'eût acceptée à baise-main : Voyez, pour n'en pas douter, la lettre qu'il lui avait écrite à ce sujet. Pour se convaincre de l'incertitude où se trouvait Napoléon, il suffit de connaître la conversation qu'il eut avec un archevêque, qui prêta son ministère, *bien malgré lui,* nous assure-t-il, à la consommation de l'œuvre d'iniquité. *M. de Pradt* lui objectait qu'il serait difficile d'engager le prince Ferdinand à abandonner ses droits. = Eh! bien, qu'il me déclare donc la guerre. Mais comment ferait-il, avec trois cents gardes-du-corps et trente mille hommes? Ce serait le pot de terre contre le pot de fer. = Puis, après un moment de réflexion : = Je sens que je ne fais pas bien. Mais qu'il me déclare la guerre. Et aussi, pourquoi sont-ils venus? Ce sont des jeunes gens sans expérience qui viennent ici sans passeport.... Il faut que je juge cette entreprise bien nécessaire; car j'ai grand besoin de marine, et elle me coûtera six vaisseaux que j'ai à Cadix.... Si ceci devait me coûter quatre-vingt mille hommes, je ne le ferais pas; mais il ne m'en faudra pas douze, c'est un enfantillage. Ces gens-ci ne savent pas ce que c'est qu'une troupe française; les Prussiens étaient comme eux, et on a vu comment ils s'en sont trouvés. Croyez-moi, ceci finira vite. Je ne voudrais faire de mal à personne; mais quand mon char politique est lancé, il faut qu'il passe; malheur à qui se trouve sous les roues!

Motifs qui déterminèrent le prince des Asturies au voyage de Bayonne.

Le *prince des Asturies*, avant de se rendre à Bayonne, avait reçu de toutes parts des avis qui auraient dû le détourner de s'y rendre : quelle fatalité l'entraînait donc à sa perte? Des personnes bien instruites croient ne pas se tromper en l'expliquant ainsi. Tous les membres du conseil du prince étaient compromis dans les affaires de l'Escurial et d'Aranjuez ; ils avaient la perspective de porter leur tête sur un échafaud, si le *prince de la Paix* ressaisissait les rênes du gouvernement. Ils avaient donc un empressement secret de se rendre à Bayonne, parce que, ne soupçonnant pas les perfides desseins de *Napoléon*, ils tendaient uniquement à faire reconnaître le prince roi, lequel devenait alors leur sauve-garde contre la vengeance de *Charles VI*, de son épouse, et surtout *d'Emmanuel Godoï*, prince de la Paix. Ils s'étaient imaginés, surtout *don Escoïquiz* et le *duc de l'Infantado*, que *Napoléon* ne résisterait pas aux avantages qu'ils apercevaient dans l'offre de faire épouser sa nièce par le prince. Craignant d'être devancés par *Charles VI* et la reine, qui auraient pu détourner de ce projet Napoléon, ils se hâtèrent de se rendre à Bayonne, et coururent ainsi à leur perte.

Superbe NON *du comte de Lima.*

Napoléon, maître du Portugal, que le général Junot occupait avec un corps d'armée, demanda qu'une députation des personnes les plus qualifiées du pays vînt le trouver à Bayonne. A la tête de la députation se trouva le *comte de Lima*, qui fut ambassadeur de Portugal à Paris, et qui avait été fort répandu dans la société. Quand cette députation fut présentée à l'empereur, selon sa coutume, il l'accabla de questions, auxquelles lui-même répondait souvent avant d'avoir attendu sa réponse. Enfin, il leur dit : ═ Qui voulez-vous être ? Vous êtes abandonnés par votre prince ; il s'est fait conduire au Brésil par les Anglais : il a fait là une grande sottise, et il s'en repentira ! car, ajouta-t-il, en se tournant vers *l'évêque de Poitiers*, il en est des princes comme des évêques, il faut qu'ils résident. ═ Le comte de Lima allait lui répondre, quand il ajouta : ═ Que voulez-vous, vous autres Portugais? voulez-vous être Espagnols. ═ A ces mots, une rougeur d'indignation couvrit le front des nobles portugais, et le comte de Lima, grandissant de dix pieds, s'affermissant dans sa position, et portant la main sur la garde de son épée, répondit d'une voix qui ébranla les voûtes de l'appartement : *Non*.

Les anciens héros portugais n'auraient pas mieux dit; aussi, cet héroïque monosyllabe frappa-t-il beaucoup Napoléon, et il rendit, le lendemain, à un de ses premiers officiers, l'impression qu'il avait reçue par ces paroles: ═ Le *comte de Lima* m'a dit hier un superbe NON. ═ Depuis ce temps, il n'a pas cessé de le traiter avec distinction ; et le reste de la conversation se ressentit de la bienveillance à laquelle la noble répartie du comte l'avait disposé. Il accorda tout ce qui lui fut demandé pour les intérêts du Portugal, et ne parla plus de réunion avec l'Espagne.

Sujet *et* Serviteur *ne sont pas synonymes.*

Le poëte Lebrun fut du très-petit nombre des littérateurs qui ne voulurent jamais rien écrire à la louange de Napoléon. Un de ses amis, grand partisan de l'empereur, le pressant un jour de faire au moins quelques vers en son honneur : J'y penserai, lui répondit le poëte. Quelques jours après son ami vint le revoir. — Eh bien ! lui dit-il, vous êtes-vous occupé de ce dont nous avons parlé ? — Oui, répondit Lebrun, j'ai fait un petit poëme, voyez si cela peut convenir :

<blockquote>
Du grand Napoléon je suis l'admirateur.
Mais il me veut *sujet*. — Je suis son *serviteur*.
</blockquote>

La Santa-Casa de Loretto.

Lettre du Directoire exécutif au général Bonaparte.

Le Directoire exécutif vous envoie, citoyen général, l'extrait d'un Mémoire qui vient de lui être présenté, et dont il a pensé que vous pourriez tirer quelque parti.

Le Directoire ne vous propose pas, sans doute, le projet insensé d'exposer dix mille hommes à une marche de quarante-cinq lieues dans un pays ennemi, laissant derrière eux une armée et des places fortes, et ne pouvant emporter les subsistances nécessaires; mais il a pensé qu'il serait peut-être possible de parvenir au but proposé, en confiant l'exécution du projet à un corps de partisans que commanderait un chef audacieux et entreprenant. Il vous invite à tenter cette entreprise, si vous partagez son opinion, et si vous connaissez à l'armée un homme capable de l'exécuter.

Extrait joint à la précédente.

Gênes ne doit pas être éloigné de plus de quarante-cinq lieues de Lorette : ne pourrait-on pas enlever *la Santa-Casa* et les trésors immenses que la superstition y amasse depuis quinze siècles? On les évalue à dix millions sterlings. Dix mille hommes, secrètement envoyés, adroitement conduits, viendraient à bout d'une telle entreprise avec la plus grande facilité. Il reste une difficulté : la route n'est pas directe, ou il faut passer par l'Apennin : cependant, avec de l'audace, non dans l'exécution, qui n'en exige que peu ou point, mais dans le projet, vous ferez une opération financière la plus admirable, et qui ne fera tort qu'à quelques moines.

Dix mille hommes suffisent pour cette entreprise; leur marche inconnue assurera leur succès; au besoin, l'armée les secondera.

Extrait d'une Lettre du général Bonaparte au citoyen Garrau, commissaire du Gouvernement.

La requisition que vous avez faite, citoyen commissaire, au général Vaubois, est contraire à l'instruction que m'a donnée le Gouvernement. Je vous prie de vous restreindre désormais dans les bornes qui vous sont prescrites.... Nous ne sommes tous que par la loi; celui qui veut commander et usurper des fonctions qu'elle ne lui accorde pas, n'est pas républicain.

Quand vous étiez représentant du peuple vous aviez des pouvoirs illimités, tout le monde se faisait un devoir de vous obéir; aujourd'hui vous êtes commissaire du Gouvernement, investi d'un très-grand caractère; une instruction positive a réglé vos fonctions, tenez-vous-y. Je sais bien que vous répéterez que je ferai comme

Dumourier : Il est clair qu'un général qui a la présomption de commander l'armée que le Gouvernement lui a confiée, et de donner des ordres sans un arrêté des commissaires, ne peut être qu'un conspirateur.

Fragment d'une Lettre du général Bonaparte au citoyen Carnot.

...... Je vous dois des remerciemens particuliers pour les attentions que vous voulez bien avoir pour ma femme ; je vous la recommande ; elle est patriote sincère, et je l'aime à la folie.

FIN DE LA VIe PARTIE.

MÉMOIRES

POUR SERVIR A LA VIE

D'UN HOMME CÉLÈBRE.

ANECDOTES SUR LE VOYAGE DE NAPOLÉON DE FONTAINEBLEAU A L'ISLE D'ELBE.

Le Commissaire prussien, après la première abdication.

Lorsque *Napoléon* eut abdiqué, en 1814, il demanda, pour se rendre à l'île d'Elbe, d'être accompagné d'un officier supérieur de l'armée alliée, afin de n'éprouver aucun obstacle dans son voyage en traversant les départemens occupés par l'ennemi. Les souverains saisirent cette occasion de lui donner des surveillans; et chacune des quatre grandes puissances nomma un général qui eut la mission d'accompagner l'ex-empereur. Le 17 avril, ces commissaires lui furent présentés par le général *Bertrand.* Il accueillit fort bien le général *Koller,* commissaire autrichien ; mais quand on lui annonça le comte de *Waldbourg-Truchsess,* commissaire nommé par le roi de Prusse, son mécontentement et son embarras parurent extrêmes, et il le reçut très-froidement. Il lui demanda aussitôt, d'une manière brusque, s'il y avait des troupes prussiennes sur la route qu'il allait parcourir. — Non, Sire. — En ce cas, vous ne devriez pas vous donner la peine de m'accompagner. — Ce n'est pas une peine, Sire, mais un honneur. — Napoléon leva les épaules, lui tourna le dos et alla causer avec le général *Koller.* Il témoigna aussi à ce général son mécontentement. — Mais vous-même avez demandé d'être accompagné, répondit l'Autrichien. — Un seul suffisait, répliqua vivement Napoléon ; pourquoi, alors, ne m'en a-t-on pas envoyé un de Baden, de Darmstadt et des autres petits princes de la confédération ? cela aurait fait une belle cavalcade.

Reproche au Duc de Bassano.

L'empereur, causant avec *Maret,* duc de *Bassano,* en présence du colonel *Campbell,* dit au duc, avec un ton aigre : On dit que c'est à vous que je dois d'avoir été forcé d'abdiquer ; on vous reproche de m'avoir constamment empêché de faire la paix. Qu'en dites-vous ? — Votre Majesté sait très-bien qu'elle ne m'a jamais consulté et qu'elle a toujours agi d'après sa propre sagesse, sans prendre conseil des personnes qui l'entouraient : je ne me suis donc pas trouvé dans le cas de lui en donner, mais seulement d'obéir à ses ordres. — Je le sais bien, dit Napoléon, mais je vous en parle pour vous faire connaître l'opinion qu'on a de vous.... Puis après un instant de réflexion : Cependant souvenez-vous de Dresde. Puis il lui tourna le dos en se frappant le front avec la main.

Départ de Napoléon pour l'île d'Elbe.

Le 17 avril était le jour où *Napoléon* devait quitter Fontainebleau ; mais il n'avait pas encore, malgré son abdication, fait le sacrifice entier, et il ne pensait qu'à reculer le moment du départ. Il chercha un prétexte, et donna aux commissaires nommés par les puissances alliées pour l'accompagner, celui qu'il ne voulait pas suivre la route d'Auxerre, Lyon, Grenoble, Gap et Digne, mais celle de Briare, Roanne, Lyon, Valence et Avignon : il trouvait la première de ces routes trop mauvaise pour les braves de sa garde qui devaient le suivre, et tous ses équipages, venus d'Orléans, s'étaient déjà dirigés par l'autre. Il fallut envoyer à Paris pour obtenir ce que l'empereur demandait. M. de *Caulincourt* eut cette mission, et il était en outre chargé d'obtenir un ordre direct pour le gouverneur de l'île d'Elbe, Napoléon ne voulant pas courir les risques de n'y être pas reçu.

Enfin, les ordres pour suivre la route qu'il plairait à Napoléon, ainsi que les dépêches pour le gouverneur, arrivèrent dans la nuit du 18 au 19. On les porta sur-le-champ à *Napoléon :* il parut mécontent, fit appeler le comte *Bertrand,* lui parla en particulier et prit ensuite connaissance des dépêches qui étaient pour le gouverneur de l'île d'Elbe. Il n'en fut pas satisfait : il ne les trouvait pas assez claires et craignait qu'on lui enlevât les moyens de défense qui existaient. Il fit appeler le général autrichien *Koller,* lui expliqua ses motifs de mécontentement et déclara qu'il ne partirait que lorsque tout serait parfaitement en ordre. En vain M. *de Koller* lui assura que tout lui serait accordé, mais que si peu de chose ne devait pas l'empêcher de se mettre en route; il ne voulut pas démordre de ce qu'il avait avancé, et ce ne fut qu'après les plus vives instances et après avoir de nouveau expédié un courrier pour Paris qu'il consentit à partir le 20.

Pendant cette discussion, 93 voitures chargées de munitions, d'armes, d'argent, de meubles, de bronzes, de tableaux, de statues, de livres, partaient de Fontainebleau et prenaient la route de Briare. Le départ de ce riche convoi était peut-être le seul motif de ses retards ; ce qu'il avait dit en particulier à *Bertrand*. au moment où il reçut les dépêches, semble le prouver.

Il passa la journée du 19 assez gaiement ; il lut toute la soirée une multitude de papiers qui lui avaient été remis par *Bertrand* et qui étaient venus de Blois et d'Orléans. Il resta très-tard à causer avec les généraux *Belliard*, *Ornano*, *Petit*, *Dejean*, *Korsakowski*, les colonels *Montesquiou*, *Delaplace*, *Bussy*, le duc de *Bassano*, et M. de *Turenne*, chambellan : c'étaient presque les seuls personnages marquans qui ne l'eussent pas encore abandonné. MM. *Bertrand*, *Drouot*, *Cambrone*, s'occupaient des préparatifs du départ.

Le 20 avril, à dix heures du matin, les cours du palais étaient remplies des voitures attelées, et l'on n'attendait plus que Napoléon pour se mettre en route ; les commissaires des puissances alliées espéraient qu'il n'y aurait plus d'obstacle, lorsque l'ex-empereur fit appeler M. de *Koller*. — « J'ai réfléchi,
» lui dit-il, sur ce qui me restait à faire,
» je me suis décidé à ne pas partir. Les
» alliés ne sont pas fidèles aux engagemens
» qu'ils ont pris avec moi ; je puis donc
» révoquer mon abdication, qui n'était toujours
» que conditionnelle. Plus de mille
» adresses me sont parvenues hier et cette
» nuit : l'on m'y conjure de reprendre les
» rênes du gouvernement. Je n'avais renoncé
» à tous mes droits à la couronne que pour
» épargner à la France les horreurs d'une
» guerre civile, n'ayant jamais eu d'autre but
» que sa gloire et son bonheur ; mais connaissant
» aujourd'hui le mécontentement qu'inspirent
» les mesures prises par le nouveau
» gouvernement ; voyant de quelle manière
» on remplit les promesses qui m'ont été
» faites, je puis expliquer maintenant à mes
» gardes quels sont les motifs qui me font
» révoquer mon abdication, et je verrai com-

» ment l'on p...viendra à m'arracher le cœur
» de mes vieux soldats. Il est vrai que le
» nombre des troupes sur lesquelles je pourrai
» compter, n'excédera guère 30,000 hommes;
» mais il me sera facile de les porter en quel-
» ques jours à 130,000. Sachez que je pourrai
» tout aussi bien, sans compromettre mon
» honneur, dire à mes gardes que, ne considé-
» rant que le repos et le bonheur de la patrie,
» je renonce à tous mes droits et les exhorte
» à suivre, ainsi que moi, le vœu de la
» nation. »

Ce discours fut un coup de foudre pour le général autrichien : il embrassa d'un coup-d'œil les affreux résultats d'une semblable résolution et parut anéanti. Cependant, après un moment de réflexion, il espéra ramener Napoléon à des intentions plus pacifiques. Il lui dit que son sacrifice au repos de la patrie serait la plus belle action de sa vie ; qu'il prouverait par-là qu'il était capable de tout ce qui était grand et noble. Il lui demanda ensuite en quoi les alliés avaient manqué au traité. — En ce que l'on empêche l'impératrice de m'accompagner jusqu'à St.-Tropez, comme il était convenu, dit l'empereur. — Je vous assure, reprit le général, que S. M.

n'est pas retenue, et que ' . ' par sa propre volonté qu'elle s'est décidée à ne pas vous accompagner. — Eh bien, je veux bien rester encore fidèle à ma promesse; mais si j'ai de nouvelles raisons de me plaindre, je me verrai dégagé de tout ce que j'ai promis.

M. *de Bussy*, l'un de ses aides-de-camp, vint, au moment où il terminait cette phrase, lui annoncer qu'il était onze heures, et que le grand maréchal lui faisait dire que tout était prêt pour le départ. — Le grand maréchal ne me connaît-il donc pas, s'écria l'empereur? demandez-lui depuis quand je dois me régler d'après sa montre. Je partirai quand je voudrai, et peut-être pas du tout.

Il continua à se plaindre : il accusa l'empereur *François* d'être un homme sans foi et de travailler à amener *Marie-Louise* au divorce; l'empereur *Alexandre* devint ensuite l'objet de sa mauvaise humeur. — Sans lui, dit-il, je pourrais serrer dans mes bras mon épouse et mon fils; sans lui l'impératrice eût conservé la régence ; sans lui le sénat n'eût osé....... il n'acheva pas, et fit la part du roi de Prusse, contre lequel il montra une forte animosité. Enfin, après une longue conversation, qui roula sur la politique de l'Europe, il congédia le général *Koller*, en lui disant : Vous le savez, je n'ai jamais manqué à ma parole ; ainsi, je ne le ferai pas plus à présent, à moins qu'on ne m'y force par de mauvais traitemens. Cependant l'heure s'avançait et il ne parlait pas de partir. Ceux qui l'approchèrent à cette époque, croyent qu'il retardait toujours dans l'espoir de voir arriver son épouse. Ce qui semble confirmer cette opinion, c'est que chaque fois qu'il entendait arriver une voiture, il s'élançait vers les fenêtres, en disant à demi-voix : C'est elle ! Vers onze heures et demie, il accorda quelques minutes d'audience aux commissaires des puissances alliées. Il causa avec le colonel anglais *Campbell*, sourit au général russe *Schuwaloff*, et tourna le dos au commissaire prussien.

A midi, il descendit dans la cour du château : les grenadiers de sa garde y étaient rangés. Dès qu'il parut, officiers et soldats abandonnèrent leurs rangs et vinrent l'entourer ; il leur parla alors avec tant de dignité et de chaleur que tous ceux qui étaient présens en furent touchés jusqu'aux larmes. Ensuite il pressa le général *Petit* dans ses bras, embrassa l'aigle impériale, et dit d'une voix entrecoupée : Adieu, mes enfans ! mes vœux vous accompagneront toujours : conservez mon souvenir. Il donna sa main à baiser aux officiers et soldats qui l'entouraient et monta dans sa voiture avec le grand-maréchal.

Pourquoi Napoléon ne s'est pas tué.

Dans une conversation avec *Bonaparte*, le général *Koller* lui ayant dit que beaucoup de personnes s'étonnaient de ce qu'après tant de revers il existait encore, l'ex-empereur lui répondit : Je ne vois rien de grand à finir sa vie comme quelqu'un qui a perdu toute sa fortune au jeu. Il y a beaucoup plus de courage de survivre à son malheur non mérité. Je n'ai pas craint la mort, je l'ai prouvé dans plus d'un combat, et encore dernièrement à Arcis-sur-Aube, où mon cheval a été blessé sous moi. Il ajouta : Je n'ai pas de reproches à me faire ; je n'ai point été usurpateur, parce que je n'ai accepté la couronne que d'après le vœu unanime de la nation, tandis que Louis XVIII l'a usurpée, n'étant appelé au trône que par un vil sénat dont plus de dix membres ont voté la mort de

Louis XVI. (1) Je n'ai jamais été la cause de la perte de qui que ce soit ; quant à la guerre, c'est différent ; mais j'ai dû la faire, parce que la nation voulait que j'agrandisse la France et que j'anéantisse l'Angleterre.

Comment, selon Napoléon, il faut parler à l'armée.

Un autre jour, il dit au même général, après une longue conversation : Eh bien ! vous avez entendu hier mon discours à ma vieille garde ; il vous a plu, et vous avez vu l'effet qu'il a produit. Voilà comme il faut parler et agir avec eux ; et si Louis XVIII ne suit pas cet exemple, il ne fera jamais rien du soldat français.

Les Épithètes données par la mauvaise humeur.

Dans sa mauvaise humeur, *Napoléon* ne rendit pas justice aux généraux qui le ser-

---

(1) Voyez la *Relation du Voyage de Napoléon à l'île d'Elbe*, publiée en Allemagne, par M. le comte de Waldbourg-Truchsess, commissaire nommé par S. M. le roi de Prusse, pour accompagner l'ex-empereur. Voyez aussi la traduction de cet ouvrage, publiée en France sur la fin de 1815. Ces paroles y sont textuellement, et nous les citons sans les approuver.

vaient. Ceci fut remarquable sur-tout dans une conversation qu'il eut avec le colonel *Delaplace*, son officier d'ordonnance. Cette conversation fut aussi très-curieuse pour les expressions dont il se servit : il parlait de la campagne de 1814. « Sans cet *animal* de général qui m'a fait accroire que c'était *Schwartzemberg* qui me poursuivait à Saint-Dizier, tandis que ce n'était que *Wintzingerode*, et sans cette autre *bête* qui fut cause que je courus après à Troyes, où je comptais *manger* quarante mille Autrichiens, et n'y trouvai pas un chat, j'eusse marché sur Paris ; j'y serais arrivé avant les alliés et je n'en serais pas où j'en suis ; mais j'ai toujours été mal entouré : et puis ces *flagorneurs* de préfets qui m'assuraient que la levée en masse se faisait avec le plus grand succès; enfin ce traître de *Marmont* qui a achevé la chose... Mais il y a encore d'autres maréchaux tout aussi mal intentionnés, entre autres *Suchet*, que j'ai toujours connu, lui et sa femme, pour des intrigans. (Depuis il a mieux parlé de ces guerriers.)

Augereau et Napoléon.

Le 24 avril, vers midi, le nouveau souverain de l'île d'Elbe rencontra le maréchal

Augereau non loin de Valence. L'empereur et le maréchal quittèrent leurs voitures. *Napoléon* ôta son chapeau et tendit les bras à *Augereau*, qui l'embrassa sans se donner la peine de le saluer. — Où vas-tu comme ça, lui dit l'empereur, en lui prenant le bras ? à la cour sans doute, ajouta-t-il, d'un ton ironique. *Augereau* répondit qu'il allait pour le moment à Lyon. Ils marchèrent ensemble environ vingt minutes : l'empereur les employa à lui faire quelques reproches sur sa conduite. — Ta proclamation est bien bête ; pourquoi des injures contre moi ? il fallait simplement dire que le vœu de la nation s'étant prononcé en faveur d'un nouveau souverain, le devoir de l'armée est de s'y conformer. Vive le roi ! vive Louis XVIII ! — Le maréchal *Augereau* répondit à ces reproches modérés par une violente sortie contre l'ambition qui avait porté *Napoléon* à tout sacrifier : il se servit d'expressions dures et déplacées, et certes ce n'était pas le moment de faire ces reproches. Napoléon, fatigué de ce langage, se tourna avec brusquerie du côté du maréchal, l'embrassa, *lui ôta son chapeau* et se jeta dans sa voiture.

Augereau, les mains derrière le dos, *ne*

dérangea pas sa casquette de dessus sa tête, et seulement quand l'empereur fut remonté dans sa voiture, il lui fit un geste méprisant de la main, en lui disant adieu ; mais il honora les commissaires des puissances alliées d'un sourire très-gracieux. Il n'en fut pas de même des troupes françaises qui étaient à Valence : elles rendirent à l'empereur les honneurs dus à son rang et firent paraître un vif mécontentement quand elles virent les commissaires des puissances alliées à sa suite.

La Fin de la Partie.

Pendant le voyage de Fontainebleau à Saint-Raphau, *Napoléon* était fort gai, et il s'amusa à retracer les diverses circonstances de sa vie à ceux qui l'accompagnaient. Quand il en fut arrivé à sa chute, il dit : J'abdiquai et voilà ma conclusion. Au bout du compte, je n'ai pas à me plaindre : je n'y perds rien, car j'ai commencé la partie avec six francs et j'en sors avec un assez bel enjeu.

L'Empereur scandalisé d'avoir tort.

Dès les premiers entretiens que *Napoléon* eut avec le général autrichien *Koller*, celui-ci lui répéta souvent, avec sa franchise germanique, *Votre Majesté a tort.* L'empereur, peu accoutumé à ce langage, lui dit avec vivacité: Vous me dites toujours que j'ai tort, et continuellement que j'ai tort: parlez-vous donc aussi comme cela à votre empereur? — Le général lui assura que son souverain serait très-fâché si on ne lui disait pas toujours très-franchement sa façon de penser. — En ce cas, reprit *Napoléon*, radouci, votre maître est bien mieux servi que je ne l'ai jamais été.

Déguisement de Napoléon.

Avant d'arriver à Avignon et à Orgon, plusieurs personnes de cette première ville firent parvenir divers rapports au général *Bertrand* pour l'inviter à prendre des mesures de sûreté, parce que depuis quelques jours des inconnus s'étaient glissés parmi la populace et l'excitaient à se porter aux plus sanglans outrages envers la personne de *Napoléon*. *Bertrand* communiqua ces avis à l'empereur, mais il refusa d'y croire et continua à voyager sans précautions. Avignon fut le lieu où commencèrent les scènes tumultueuses; les injures éclatèrent, et bientôt on en fut aux voies de fait; plusieurs domestiques furent frappés, et le cocher de l'empereur ayant hésité à crier *vive le Roi!* un furieux s'élança sur lui, et allait lui passer son sabre au travers du corps, si les commissaires des puissances alliées ne s'y fussent opposés ; ils essayèrent de même de calmer la multitude ; déjà la voiture de l'empereur avait été percée d'un coup de baïonnette. Enfin, ce fut aux cris, si peu français, de *Vivent les alliés ! vive le bon roi Guillaume !* que l'ex-empereur parvint à se remettre en voyage. A Orgon, la rage du peuple avait été portée à son comble : on se cramponnait à sa voiture, on l'ébranlait, on parlait de la briser. M. de *Schuwaloff* eut beaucoup de peine à les empêcher d'exécuter ce dont ils parlaient; un mannequin couvert de sang, pendu à une potence, en face de l'auberge, et portant cette inscription: *Tel sera tôt ou tard le sort du tyran*, n'indiquait que trop les horribles projets de cette canaille. Dès qu'on fut sorti d'Orgon, *Bertrand* renouvela ses instances près de Napoléon. Il résista encore. *Bertrand* lui ayant dit enfin qu'on ne répondait pas de sa vie s'il s'obstinait à s'exposer ainsi, il répondit : Hé bien, voyons ! peut-être se trouvera-t-il quelque vieux soldat qui défendra celui qui, pendant quinze ans, le conduisit à la victoire. — *Bertrand*, désespéré, s'écria: Eh quoi! vous n'épargnerez pas un crime à la grande nation! Ces mots parurent lui faire impression ; après un moment de réflexion, il lui dit : Eh bien, soit : donnez-moi d'autres habits. Il endossa une vieille redingote bleue, se couvrit la tête d'un chapeau à larges bords, monta un cheval de poste et courut devant sa voiture comme un courrier. A peine la voiture eut-elle fait cent pas qu'elle fut assaillie par une foule de furieux. Ils essayèrent d'ouvrir les portières, frappèrent la caisse avec des pierres et des armes, et demandèrent à haute voix qu'on le leur livrât. Enfin, l'un d'eux se cramponna au siége, regarda dans la voiture, et n'y voyant que le général *Bertrand*, il cria : il n'y est pas ! il n'y est pas ! Alors la foule alla faire la même inspection aux voitures qui suivaient. Cependant *Napoléon* était descendu à une auberge, *la Calade,* non loin de Saint-Canal ; il demanda une chambre, se fit passer pour le colonel *Campbell* et attendit sa suite. Pendant que l'hôtesse lui préparait une chambre, elle lui dit : Eh bien! avez-vous rencontré *Bonaparte*. — Non. —

VIIe *Partie.*

Je suis curieuse de voir s'il pourra se sauver : je crois toujours que le peuple va le massacrer : aussi faut-il convenir qu'il l'a bien mérité, ce coquin-là ! Dites-moi donc, on va l'embarquer pour son île. — Mais, oui. — On le noyera, n'est-ce pas ? — Je l'espère bien, répliqua *Napoléon*, très-peu rassuré par ce langage. — C'est ainsi que *Napoléon* échappa aux assassins, qui, quinze mois plus tard, égorgèrent l'infortuné *Brune,* et qui vivent encore pour se vanter de leurs forfaits.

Hiérarchie d'un Brick, d'une Frégate et d'une Corvette.

D'après le traité qui réduisait le conquérant de l'Europe à la souveraineté de l'île d'Elbe, il paraît qu'il avait été stipulé qu'il serait transporté sur une corvette, qui lui resterait en toute propriété ; aussi fut-il très-mécontent de ne trouver que le brick l'*Inconstant.* Si le gouvernement français, dit-il, eût su ce qu'il se doit à lui-même, il m'aurait envoyé un bâtiment à trois ponts et non pas un vieux brick pourri, à bord duquel il serait au-dessous de ma dignité de monter. — Il préféra s'embarquer sur la frégate anglaise *the Undounted ;* et le capitaine de l'*Inconstant*, piqué du peu de cas que l'empereur faisait de son bâtiment, partit sur-le-champ pour Toulon. La corvette accordée par le traité attendait le prince déchu à Saint-Tropez.

Proclamation interprétée.

Dans les premiers jours de l'arrivée de *Napoléon* à l'île d'Elbe, il dit un jour à l'autrichien *Koller*, qu'avant vingt-quatre heures il allait avoir à ses ordres trois à quatre mille hommes, parce qu'ayant fait une proclamation aux soldats de la garnison française qui était dans l'île, pour inviter ceux qui voulaient être à sa solde de se faire inscrire, il s'en était déjà présenté plusieurs milliers.

Le général *Koller* blâma cette mesure, et lui dit que cette mesure devait jeter une grande défiance sur ses projets pacifiques. — Qu'est-ce que cela me fait, répartit *Napoléon*? J'ai examiné les fortifications, et je défie qu'on puisse m'attaquer ici avec le moindre succès. — Je le crois, répartit le général ; mais je crois aussi que le gouvernement français saisirait bien vîte ce prétexte pour ne pas vous payer aussi la pension convenue. — Croyez-vous, interrompit brusquement l'empereur ?

Diable, cela ne m'arrangerait pas du tout. Mais que faire à présent ? — Il faut publier, dit le général, une nouvelle proclamation où vous déclarerez que cette invitation ne devait s'appliquer qu'aux soldats elbois qui servaient la France et qui désireraient rester dans leur pays natal. *Napoléon* adopta sur-le-champ cet avis.

La Fièvre intermittente.

Étant un jour à visiter les travaux de Porto-Ferrajo, il rencontra le comte Bertrand avec des papiers sous le bras. — Sont-ce les journaux français ? — Oui, Sire. — Suis-je bien déchiré ? — Non, Sire, il n'est pas question aujourd'hui de Votre Majesté. Allons, dit-il, en riant à ceux qui l'accompagnaient, pas de comédie aujourd'hui : ce sera pour demain ; c'est une fièvre intermittente : ces accès passeront.

Çà n'dur'ra pas toujours !

Un observateur aurait pu pressentir ses projets, quand, au mois de janvier 1815, ayant rencontré un soldat de sa garde, il lui dit : Eh bien, grognard, tu t'ennuies ? — Non, Sire, mais je ne m'amuse pas trop. —

Tu as tort ; il faut prendre le temps comme il vient ; et lui mettant un napoléon dans la main il s'éloigna, en chantant à demi-voix : Ça n'dur'ra pas toujours, *Ça n'dur'ra pas toujours.*

Avis aux Cantiniers.

Une autre fois, il s'approcha d'une vivandière. — Combien vends-tu ton vin, la bonne ? — Cinq cruzzie (35 centimes), Sire. — C'est trop cher, il faut ne le vendre que quatre, et mettre un peu d'eau dedans. Mais que je suis bon ! tu sais ton métier mieux que moi.

Réponse de Napoléon aux Lyonnais.

Lors de son fatal retour de mars 1815, quelques jeunes gens qui formaient la garde nationale à cheval de Lyon, vinrent lui offrir leurs hommages, et réclamèrent l'honneur de garder sa personne. Il leur répondit : Votre conduite envers le comte d'Artois me fait juger de ce que vous feriez à mon égard, si j'éprouvais un revers. Je vous remercie de vos services. — Dès qu'il fut arrivé à Paris, il fit remettre la décoration de la Légion-d'Honneur au généreux citoyen qui n'avait point abandonné S. A. R.

Danger des Concessions.

Un sénateur qui avait la confiance de Napoléon, lui représenta un jour que, pour rendre au Sénat un peu de considération, il faudrait lui envoyer un décret dont le rejet serait convenu d'avance. — *Non, non !* dit Bonaparte, *il pourrait s'y accoutumer.*

Les deux Livrées.

Un matin qu'un chambellan, appartenant à la première noblesse de France, était dans l'antichambre du cabinet de Napoléon, celui-ci l'appela et lui demanda du bois. — Sire, dit le chambellan, les valets sont sortis, mais je vais les sonner. — Ce n'est point à eux que j'en demande, reprit Napoléon, c'est à vous. Quelle différence y a-t-il entre eux et vous ? Ils ont une livrée verte et galonnée, et vous en portez une rouge brodée.

La Duchesse de Weymar.

Après la bataille décisive d'Jena, l'armée française commandée par Napoléon, marcha sur Weymar. Les gens les plus riches et les plus distingués de cette ville, et notamment les membres de la famille régnante, s'enfuirent à Brunswick, parce que le duc régnant, servant dans l'armée prussienne avec ses troupes, on craignait la vengeance du vainqueur. La duchesse, seule, résolut de ne pas abandonner sa capitale. Elle se retira dans une aile de son palais, avec ses dames d'honneur, et fit préparer les grands appartemens pour Napoléon. Dès qu'il arriva, la duchesse, quittant le petit logement qu'elle s'était réservé, se plaça au haut du grand escalier pour le recevoir avec le cérémonial convenable. Qui êtes-vous, lui dit Napoléon, en la voyant? — Je suis la duchesse de *Weymar*. — En ce cas, je vous plains, car j'écraserai votre mari. — Et il ne lui accorda plus d'attention, et se retira dans l'appartement qui lui était destiné.

Le lendemain la duchesse apprit que le pillage commençait déja dans la ville. Elle envoya à l'empereur un de ses chambellans pour s'informer de sa santé et lui demander une audience. Cette démarche plut à Napoléon, et il fit dire à la duchesse qu'il irait lui demander à déjeûner. A peine était-il arrivé qu'il commença, suivant son habitude, à la questionner. — Comment votre mari, Madame, a-t-il pu être assez fou pour se ranger au nombre de mes ennemis ? —Votre Majesté l'aurait méprisé s'il eût agi autrement.— Pourquoi cela ? —Mon époux a passé trente ans au service du roi de Prusse. Ce n'est pas au moment où le roi avait à lutter contre un ennemi aussi puissant que V. M., que le duc pouvait l'abandonner avec honneur. —Cette réponse aussi adroite que juste, parut adoucir l'empereur. Il reprit : Mais comment se fait-il que le duc se soit attaché à la Prusse ? — Votre Majesté ne peut ignorer que les branches cadettes de la maison de Saxe ont toujours suivi l'exemple de l'électeur. Or, la politique de ce prince l'ayant engagé à s'allier avec la Prusse plutôt qu'avec l'Autriche, le duc n'a pu se dispenser d'imiter le chef de sa maison. — La conversation roula encore quelque temps sur le même sujet. La duchesse continua à montrer autant de ressources dans l'esprit que d'élévation dans l'âme. Enfin Napoléon s'écria, en se levant: Madame vous êtes la femme la plus respectable que j'aie jamais connue. Vous avez sauvé votre mari. Je lui pardonne, mais c'est à vous seule qu'il le doit. — En même temps il donna ordre de faire cesser le pillage de la ville, et l'ordre y fut rétabli en un instant.

Quelque temps après il signa un traité qui assurait l'existence du duché de Weymar, et il donna ordre au courrier qui en était porteur, de le présenter à la duchesse.

Les Petits Saint-Jeans.

Depuis la fatale expédition de Russie Napoléon perdait tous les jours dans l'opinion publique ; ce discrédit gagna la maison des rois. A l'instant où ses armées arrivaient en Saxe, en 1813, un de ses partisans vantait encore ses ressources en présence d'une princesse de la famille royale, qui ne partageait pas ce sentiment, et lui disait que grâces à ses armes et à sa protection, les Saxons se trouveraient bientôt *en Paradis*. — Je n'en puis douter, répondit la princesse, car il les a déjà mis tout nus, *comme des petits Saint-Jeans*.

Napoléon excommunié.

A la suite de démêlés très-vifs qu'il y eut entre Napoléon et Pie VII, à l'occasion du divorce avec Joséphine et du mariage avec Marie-Louise, dont le pape refusa de reconnaître la validité, il y eut une rupture éclatante entre le chef de la chrétienté et le dominateur de l'Europe. Napoléon s'inquiéta fort peu de cette opposition, mit ses projets à exécution, et Pie VII ne put se venger qu'en lançant contre lui les foudres du Vatican. La sentence d'excommunication fut envoyée à Paris, et l'abbé d'Astros, nommé grand-vicaire capitulaire de l'archevêché de Paris, attendu la vacance du siége, la fulmina secrètement à la porte de l'église de Notre-Dame, en présence de quelques membres du chapitre, de la discrétion desquels il se croyait sûr. Il se répandit dans Paris des copies du bref d'excommunication : il y fut même imprimé. Le comte Portalis, conseiller-d'Etat, directeur-général de la librairie et de l'imprimerie, en fut informé, ne prit aucunes mesures pour réprimer cette audace, et n'en rendit pas même compte à l'empereur.

Le duc de Rovigo ne tarda pas à être informé de tout ce qui s'était passé, et comme il était ennemi secret de Portalis, il ne manqua pas d'en faire un rapport circonstancié. Napoléon entra dans un des accès de colère auxquels il était sujet, et comme il devait en ce moment tenir un conseil-d'Etat, il y arriva violemment agité. Chacun gardait le silence, et l'empereur laissait seulement échapper quelques mots entrecoupés, parmi lesquels on n'entendit distinctement que le mot *bigot*, épithète qu'il appliquait probablement à l'abbé d'Astros ou au comte Portalis.

M. Bigot de Préameneu était présent à la séance. Ce mot frappa son oreille : il crut que l'empereur l'appelait. — Sire, dit-il, en se levant. — Que voulez-vous, dit Napoléon. — J'ai cru que Votre Majesté me parlait. — Point du tout.... Mais oui.... Un moment..... Bigot, je vous nomme ministre des cultes. — Et c'est ainsi que ce nouveau ministre fut institué.

Le comte Portalis arrivait à l'instant. Il se disposait à prendre sa place ordinaire. — Restez debout et répondez-moi. — Savez-vous ce qui s'est passé, il y a trois jours, Notre-Dame ? Ne balbutiez point. Point de détours jésuitiques. — Je savais, Sire...... — Ah ! vous saviez, et vous ne m'avez pas instruit ! On m'avilit publiquement, et vous gardez le silence. On ose publier, dans ma capitale, une bulle d'excommunication contre moi, et vous ne faites pas jeter dans un cachot, pieds et poings liés, le téméraire qui a eu cette insolence! — J'ai cru, Sire, qu'en sévissant publiquement contre un homme qui avait cru remplir son devoir, je ne ferais qu'attirer sur lui l'intérêt qui s'attache toujours à un martyr. J'ai cru devoir ensevelir dans l'oubli..... — Votre devoir était de me consulter.... Je suis fâché de tout ceci, pour la mémoire de votre père... Je ne vous soupçonne pas de mauvaises intentions, mais vous êtes un sot.... Sortez !

Quelques jours après, l'abbé d'Astros, pour se conformer à l'usage, fut obligé de se présenter devant l'empereur, à la tête du chapitre de Notre-Dame, pour lui offrir les complimens du nouvel an. Dès que Napoléon l'aperçut, il s'avança vers lui et dit d'une voix tremblante de colère : « C'est donc vous
» qui voulez allumer dans mes Etats le feu
» de la sédition; qui trahissez votre souve-
» rain pour exécuter les ordres d'un prêtre
» étranger? Je ne veux ni révolte, ni fana-
» tisme, ni martyr...... Je suis chrétien......
» chrétien comme Bossuet, comme Fénélon,
» et non comme l'infâme Grégoire VII. Je
» saurai soutenir les droits de ma couronne
» contre ceux qui lui ressemblent...... Dieu

» m'a armé du glaive. Que vous et vos pa-
» reils ne l'oublient pas. »

L'abbé voulut répliquer. Un geste impératif de Napoléon l'obligea de se retirer. Il se rendit chez lui, et deux heures après il fut arrêté et conduit en prison.

Amourettes de la Princesse Pauline.

Pauline Bonaparte, princesse Borghèse, s'amusait quelquefois à se dépouiller d'une grandeur, importune en certaines occasions, et elle allait chercher des plaisirs cachés qui n'en étaient que plus piquans. Un jour de fête nationale il lui prit fantaisie d'aller seule et dans le plus strict incognito, voir tirer un feu d'artifice qu'on avait préparé dans le jardin du Luxembourg. Vêtue avec goût, mais très-simplement, ayant le visage couvert par un chapeau fort avancé et par un voile dont les plis multipliés ne laissaient que soupçonner sa jolie figure, elle se met en route dans un cabriolet, que conduisait un jokey dont elle se servait toujours en pareille occasion, et se fait descendre à la grille de la rue d'Enfer.

Confondue dans la foule rassemblée pour voir tirer le feu d'artifice, elle n'était qu'à quelques pas d'un jeune homme qui avait remarqué sa tournure élégante et le peu d'attraits qu'elle laissait deviner. Une manœuvre adroite le plaça bientôt à côté d'elle. Un enfant marcha en ce moment sur le pied de la princesse, qui poussa un cri. Aussitôt l'inconnu repousse le jeune étourdi, le force à s'éloigner et demande à sa belle voisine, du ton du plus touchant intérêt, si elle est blessée. La princesse toise son défenseur; il était jeune, bien fait; son ton et sa mise annonçaient un homme au-dessus de la classe du peuple; bref l'examen lui fut favorable. La conversation s'engagea, et elle ne fut pas moins satisfaite de l'esprit qu'il montra. Dès que le feu d'artifice fut tiré, il proposa des glaces qu'on accepta; il demanda la permission de la reconduire chez elle; mais elle lui fut refusée de manière à ne pas lui permettre d'insister. Pour adoucir ce refus, la princesse lui promit de le revoir, et lui demanda son nom et son adresse.

Le surlendemain il reçut, par la petite poste, une lettre toute parfumée dans laquelle on lui mandait que s'il voulait se trouver le jour suivant, à sept heures du soir, dans le jardin du Luxembourg, près de la fontaine des Nymphes, il y trouverait une dame qui ne l'avait pas oublié. On juge bien qu'il devança l'heure du rendez-vous, et son exactitude fut récompensée ; car sept heures sonnaient à peine, qu'il vit arriver une dame, qu'il reconnut pour sa charmante inconnue. Elle prend son bras, on se promène longtemps, on voit réciproquement qu'on se convient, et l'on sent le désir de se revoir encore. Mais les entrevues en plein air sont sujettes à mille inconvéniens : il peut pleuvoir, on peut rencontrer des importuns ; la dame ne pouvait le recevoir chez elle, et elle ne veut pas consentir à se rendre chez lui. Enfin elle le quitte, en lui promettant de lui donner incessamment de ses nouvelles.

Deux jours après, une nouvelle lettre engage le jeune homme à se rendre chez Madame D...., lingère, rue de Richelieu, et à lui demander la clé de l'appartement qu'on a loué pour lui. On lui recommande d'y être à deux heures. Il s'y rend au moment indiqué, et trouve un appartement petit, mais meublé avec recherche et élégance. L'aimable inconnue se fit peu attendre, et elle commença par lui faire promettre qu'il ne cherchera jamais à la connaître, et sur-tout qu'il s'interdira de la suivre. Le jeune homme promit tout ce qu'on exigeait, et tint fidèlement sa promesse.

Pendant deux mois le mystère qui voilait cette intrigue charma la volage princesse. A chaque rendez-vous on convenait du suivant, et jamais aucun des deux amans n'y avait manqué. Mais, enfin, il arriva le jour où devait se rompre le fil de cette intrigue ; en vain l'on soupire après la charmante Amélie (c'était le nom qu'elle s'était donné): Durant quelques jours l'amoureux jeune homme espéra que bientôt allait finir son martyre. Vaine attente ! rien ne parut. Enfin il courut chez la lingère pour tâcher d'en obtenir quelques renseignemens sur la charmante inconnue : elle était déménagée, et personne ne put lui dire ce qu'elle était devenue. Enfin, il ne lui resta de sa bonne fortune que le souvenir et l'élégant mobilier qui garnissait l'appartement. Il oublia, quoiqu'à regret, dans les bras de nouvelles beautés, son infidèle.

L'hiver suivant, ayant eu un billet pour assister au spectacle de la Cour, quelle fut sa surprise de retrouver son inconnue dans une femme couverte de diamans, qui se trouvait dans la loge de l'empereur ! Il demanda son nom à l'un de ses voisins. Il apprit que c'était la princesse Pauline. Il eut les yeux attachés sur elle pendant tout le reste du spectacle. La princesse l'aperçut aussi, laissa échapper un mouvement de surprise, détourna la vue aussitôt et ne la reporta plus de son côté. Il rentra chez lui, mortifié d'un accueil si peu semblable à celui auquel il avait été accoutumé, et ne rêva qu'aux moyens de renouer son ancienne liaison. Aucun moyen ne lui avait encore paru praticable, quand il reçut l'ordre de se rendre sur-le-champ chez le ministre de l'intérieur, où il apprit qu'il venait d'être nommé à une place, dans les départemens du midi de la France, et qu'il fallait qu'il parût dans les vingt-quatre heures pour aller en prendre possession. Il comprit bientôt ce que signifiait cette faveur inattendue ; mais comme la place lui convenait, il se consola facilement de l'espèce d'exil auquel il était condamné.

Civil *et* Militaire.

Le général C....., invité à dîner chez le prince de Talleyrand, s'étant fait attendre trop long-temps, on se mit à table. Il arriva au milieu du premier service, et s'excusa de n'être pas venu plus tôt, en alléguant qu'il avait été retenu près d'une heure par un *pékin.* — Qu'est-ce qu'un pékin? lui demanda le prince. — Quoi! Monseigneur, reprit C....., ne savez-vous pas que, nous autres militaires, nous avons coutume d'appeler pékin tout ce qui n'est pas militaire? — Ah! ah! s'écria M. de Talleyrand, c'est donc comme nous qui avons coutume d'appeler *militaire*, tout ce qui n'est pas *civil*.

Fête de Madame Fanny Beauharnais.

Madame *Fanny Beauharnais*, tante de l'impératrice *Joséphine*, et auteur de plusieurs ouvrages en vers et en prose, que la malignité publique attribua à des littérateurs connus, réunissait souvent chez elle un grand nombre d'hommes de lettres. A un âge où les dames commencent à regretter leurs charmes, elle conservait encore les agrémens de la figure. A une de ses soirées, où l'on célébrait sa fête par l'inauguration de son buste, on remarqua un papier placé entre le buste et le piédestal qui le soutenait. On s'imagina que c'était une pièce de vers en l'honneur de la déesse du jour; quelqu'un s'en empara sur-le-champ et lut à haute voix le vers suivant :

>Eglé, belle et poète, a deux petits travers....

On interrompit la lecture par des éclats de rire et des applaudissemens ; on crut qu'il ne s'agissait que d'une plaisanterie qui allait finir par des éloges. Voyons, criait-on, quels sont les travers de Madame ? Ah! vous avez des travers ! Quelle est la jolie femme qui n'en a pas ? Le silence se rétablit : on demande la continuation de la lecture ; mais le lecteur, d'un air consterné, déchire le fatal billet en mille morceaux, au grand étonnement de l'assemblée. Il ne contenait que cet autre vers :

>Elle fait son visage et ne fait pas ses vers.

Madame de Staël et Napoléon.

Madame de *Staël*, digne fille de son père, ne devint l'ennemie de Napoléon que parce qu'il avait mortifié sa fierté. L'empereur, passant près de Coppet, voulut y voir M. Necker. Sa fille s'y trouvait en ce moment. Elle assista à la conférence, prit part à la conversation, et, avec ce ton doctoral qui plus d'une fois lui fit oublier son beau latent, voulut donner au souverain de la France une leçon sur l'art de la gouverner. Napoléon ne lui répondit qu'en lui demandant si elle avait des enfans.

Le Roi des modes.

Qui n'a pas entendu parler du marchand de modes Le R., qu'on nommait *le roi des modes ?* Une robe, un corset, un bonnet, n'avaient le droit de plaire qu'autant qu'ils sortaient de ses ateliers. Il était donc impossible qu'il ne fût pas choisi pour habiller la nouvelle souveraine de la France, Marie-Louise. Un jour qu'il venait lui apporter une robe, l'impératrice lui ordonna de passer dans une chambre voisine, tandis qu'elle allait l'essayer. Le R. n'était pas habitué à trouver dans les dames de la cour une telle attention au decorum, un tel respect pour la décence ; et le soin avec lequel la princesse conservait sa dignité, lui parut un attentat à la sienne.

Enfin, quand la robe est passée, on lui fait dire de rentrer, et Marie-Louise lui fait remarquer qu'elle est trop décoletée. — Ah ! Madame, cela n'en fait que mieux voir les belles épaules de Votre Majesté. — Qu'on mette cet homme à la porte, dit froidement l'impératrice. M. le R. ne voulut pas laisser à d'autres qu'à lui-même l'honneur d'exécuter cet ordre ; et depuis cette époque il ne reparut plus devant elle.

Les Carnivores *et la* Celle *à Lannes.*

La duchesse de D...., se trouvant à dîner chez le cardinal Caprara, un vendredi, refusait tout ce qu'on lui présentait. Son Em. le remarqua et lui demanda si elle était indisposée, ou si elle manquait d'appétit : Non, Monseigneur, lui répondit-elle, mais je ne vois que du poisson et des œufs, et je ne mange jamais que des *carnivores*.

C'est la même, dit-on, qui s'étant présentée avec l'épouse du général Lannes chez l'impératrice Joséphine, où on lui dit que S. M. ne recevait personne, s'écria : Comment, comment, personne ! dites-lui que c'est la femme à..... et *la celle à Lannes*.

Les Courbettes *raccourcissent la taille.*

Napoléon aimait peut-être la flatterie, mais il détestait les flatteurs. Il disait un jour de M. de C.....r qui, malgré sa nullité, s'éleva à force de courbettes : Cet homme-là a six pouces plus que moi, et cependant ce n'est qu'en me baissant beaucoup que je puis parvenir à l'entendre.

Les Œuvres de M. Bernardi.

Un baron, de création impériale, homme aussi riche qu'ignorant, ayant besoin des offices de M. Bernardi, un des chefs du ministère de la justice, et connu par plusieurs bons ouvrages de jurisprudence, l'invita un jour à dîner. Il lui fit voir sa bibliothèque, composée de livres rares et précieux, qu'il n'avait jamais ouverts. M. Bernardi lui fit compliment sur le goût qui avait présidé à cette collection. — Oui, lui répondit-il, je n'y ai admis que des livres de choix, et voici vos *opéras*, ajouta-t-il, en lui montrant quelques volumes in-folio, magnifiquement reliés. C'étaient les OEuvres de St.-Bernard, *Divi Bernardi opera* que le connaisseur avait pris pour des opéras composés par M. Bernardi.

Le Médecin de l'Ambassadeur persan.

Lorsqu'en 1808 il vint un ambassadeur de Perse à Paris, M. Barbé-Marbois, alors président de la Chambre des Comptes, éprouva une mystification qui, pour n'avoir été que l'effet du hasard, n'en est pas moins plaisante. L'ambassadeur se trouvant un jour indisposé, avait demandé un médecin. On lui avait indiqué le docteur *Bourdois*, et il l'attendait à chaque instant, quand on lui annonça M. *Barbé-Marbois*. L'ambassadeur ne savait pas un mot de français ; il n'avait pas alors son interprète près de lui, et son oreille n'ayant été frappée que de la dernière syllabe de ce nom, il crut y reconnaître celui du médecin qu'il avait fait avertir. En conséquence, dès que le président fut entré, il lui tendit le bras pour se faire tâter le poulx. Celui-ci crut qu'il lui offrait la main, et la pressa affectueusement dans la sienne. Le Persan trouva probablement que les médecins français avaient une singulière méthode de tâter le poulx de leurs malades ; cependant il ouvrit la bouche et montra la langue. M. Barbé-Marbois pensa que ce pouvait être une civilité persanne ; mais la surprise qu'il éprouva néanmoins, inquiéta l'ambassadeur qui l'attribua à quelque fâcheux pronostic que le médecin tirait de sa maladie. Il frappa des mains, et deux esclaves se présentèrent et vinrent mettre sous les yeux de M. le premier président un bassin d'argent. Celui-ci, en les voyant entrer, crut que, suivant l'usage oriental, on lui apportait une aiguière remplie d'eau de roses de Schiras ; mais le parfum qui s'en exhalait, le détrompa d'une manière assez désagréable. Il crut que l'ambassadeur voulait l'insulter, et devint rouge de colère ; heureusement l'interprète survint et expliqua la méprise.

Dévouement d'Émile Bonnier, *élève de l'Ecole Polytechnique.*

En consignant ici un trait qui prouve combien sont fausses les promesses que font les gens en place à leurs anciens amis, nous saisirons l'occasion de faire connaître l'héroïque dévouement d'*Emile Bonnier*, élève de l'Ecole Polytechnique.

La famille de ce jeune homme qui avait fait de très-bonnes études, désira le faire entrer à cette école, afin qu'il pût passer ensuite dans les ponts et chaussées, et se trouver ainsi à l'abri de la conscription. Il était sorti avec honneur de tous les examens préparatoires, et il ne fallait plus qu'un peu de protection pour décider son admission. Un de ses oncles avait quelques liaisons avec le secrétaire-général du ministère de l'intérieur, d'où cette nomination dépendait. Il lui recommanda vivement son neveu, et celui-ci ne manqua pas de s'épuiser en belles promesses. A l'époque des nominations, on remet en même temps à l'oncle deux lettres venant du ministère de l'intérieur. Il ouvre celle sur l'adresse de laquelle il reconnaît l'écriture du secrétaire. Celui-ci lui mandait qu'il était désespéré d'avoir à lui apprendre que, malgré tous ses efforts il n'avait pu réussir à obtenir l'admission de son neveu à l'École Polytechnique. Il ouvre la seconde, elle contenait la nomination du jeune homme. Il avait été nommé sans protection et sans que le secrétaire eût prononcé son nom, uniquement d'après le rapport qui avait été fait de la manière dont il avait soutenu ses examens.

Il eût été, au surplus, très-heureux pour ce jeune homme, que cet examen eût été moins brillant. Admis au nombre des Polytechniciens, il ne tarda pas à s'y distinguer, et il parut un sujet trop précieux pour qu'on lui laissât le choix de sa profession. Avant l'époque des examens il fut, par un décret spécial, mis à la disposition du ministre de la guerre. Envoyé à l'école de perfectionnement de Metz, il n'y resta que quelques mois et fut envoyé à l'armée de Russie avec le grade de sous-lieutenant de génie. Il se rendit à Smolensk.

Il rejoignit bientôt le colonel sous lequel il devait servir. Cet officier le prit en amitié, lui donna une place dans sa voiture, et ils ne se quittèrent plus. Ils avaient ordre d'attendre à Smolensk leur destination ultérieure, et ils y restèrent jusqu'au moment où les élémens déchaînés soufflèrent un vent de mort sur notre vaillante armée. Bonnier, et un de ses camarades suivirent leur colonel dans la retraite précipitée qu'il fallut faire : cet officier, déjà d'un âge avancé, eut les jambes gelées. On le jeta sur une charrette remplie de paille. Mais, un soir, quand il fallut monter une colline, les chevaux, déjà affaiblis, s'abattirent, et il fut impossible d'aller plus loin. Les deux jeunes gens allaient encore, et le colonel leur ordonna de le quitter et de tâcher de gagner Berlin. L'un obéit, et fut du nombre de ceux qui revirent leur patrie. Le généreux *Bonnier* répondit à son colonel qu'il manquerait pour cette fois de subordination, et il ne voulut pas séparer son sort de celui de cet infortuné vieillard. Depuis ce moment on n'eut plus de leurs nouvelles.

Ainsi périt à la fleur de l'âge cet intéressant jeune homme, l'espoir de sa famille et de sa patrie.

Saute-Mouton.

Napoléon aimait les exercices, et s'y livrait souvent dans les premières années de son règne, avec ceux qu'il honorait de sa familiarité. Un jour qu'on jouait à la Malmaison au Saute-Mouton, *Isabey*, peintre en miniature, ne remarqua point ou ne voulut point remarquer que ceux qui prenaient part à ce jeu évitaient de sauter par-dessus le premier consul, et passaient à côté de lui pour aller franchir celui qui se trouvait plus loin. Il n'eut pas la même retenue, et sauta sans façon par-dessus le futur empereur. Celui-ci n'eut pas l'air de le trouver mauvais, mais il lui appliqua, en passant, une grande claque sur le derrière. — Je m'en moque, s'écria Isabey ; il n'en a pas moins baisé mon c... On assure que pendant long-temps M. *Isabey* fut exclu de sa société intime.

La Cosà Rara, ou *le Gentilhomme vraiment noble*.

Pour s'attacher l'ancienne noblesse française, Napoléon la chamara de rubans et de broderie : elle se laissa prendre à ces hameçons, et les plus récalcitrans furent enchaînés à son char par la décoration de chambellan. Parmi les hauts et puissans seigneurs auxquels il daigna offrir une place dans sa maison, on en cite un seul qui osa refuser. C'était le fils d'un ancien duc et pair. Le ministre de la police le fit venir, et lui apprit que l'empereur l'avait nommé un de ses chambellans. — Je suis très-sensible à cet honneur, dit le duc, mais je ne puis accepter cette place. — Pourquoi cela? — Parce que je ne veux pas être chambellan. — Vous ne voulez pas ? Croyez-vous donc qu'il y ait une volonté supérieure à celle de l'empereur? — Oui, sans doute : celle de l'homme qui ne craint ni l'exil, ni la prison, ni la mort. — A ces mots il se retira et partit pour une de ses terres ; et, ajoute certain parti, qui voudrait nous persuader que le règne de Napoléon fut plus exécrable que celui de Néron, il ne fut ni *fusillé*, ni emprisonné, ni exilé.

Bonaparte au Pont de Lodi.

Depuis qu'il est de mode de refuser toute espèce de talent et toute espèce de mérite à un homme qui certainement a conçu et exécuté de grandes et belles choses, on a cherché à le priver de la gloire même de ses actions les plus éclatantes. C'est ainsi qu'on a osé dire que son célèbre passage du pont de Lodi n'était pas un acte de bravoure, mais une ruse de guerre qui lui avait réussi; que le drapeau qu'il tenait en main, lorsqu'il se précipita sur le pont, était presque blanc, et que les ennemis le prenant pour un parlementaire firent cesser le feu pendant son passage. Pouvait-on imaginer une fable plus absurde? Il faudrait supposer que les ennemis étaient fous ou frappés d'aveuglement, pour croire qu'ils aient pu prendre pour un parlementaire un militaire qui marchait vers eux, non pas seul, non pas escorté de quelques hommes, mais suivi de troupes nombreuses qui occupaient toute la largeur du pont et qui avançaient au pas de charge.

Au surplus, s'étonnera-t-on que des gens aveuglés par l'esprit de parti aient voulu soutenir un thême semblable, quand on saura qu'un fou de cette espèce, et je puis le nommer à qui en douterait, a osé me soutenir que Bonaparte était à vingt-cinq lieues du champ de bataille quand on vainquit à Marengo, et que si la victoire l'a couronné aux champs d'Austerlitz, d'Jena, de Friedland, de Wagram et de la Moskwa, c'est que nos ennemis le voulurent bien, et qu'ils ne lui accordèrent le triomphe que pour enflammer son ambition et l'amener à jouer quitte ou double ; s'il en est ainsi, il faut avouer qu'ils jouaient un jeu qui faillit leur faire perdre la partie.

Consolation d'un ambitieux.

Louis Bonaparte ne monta qu'avec répugnance au trône de Hollande ; et comme il alléguait sa mauvaise santé comme une excuse pour ne pas accepter la couronne, disant que le climat de la Hollande lui serait certainement funeste. — Qu'importe, lui répondit son frère ! si vous mourez, vous mourrez sur le trône.

Déboires de l'ambition.

Lorsque le même, fatigué de n'être qu'un gouverneur de province, revêtu du titre de roi, eut pris le parti d'abdiquer, Napoléon en fut vivement contrarié. — Ce malheureux-là, dit-il à l'un de ses confidens, semble avoir pris à tâche de justifier l'opinion de ceux qui s'obstinent à ne regarder mes frères que comme des roitelets.

Sarcasme impérial.

Napoléon, qui ne ménageait guère sa famille, termina un jour un long sermon qu'il faisait à Jérôme, son plus jeune frère, par cette aimable phrase : Si la majesté des rois se trouve empreinte sur leurs fronts, vous pouvez voyager incognito, jamais vous ne serez reconnu.

Napoléon blessé.

Le gain de la bataille d..... était assuré, et déjà le feu des Autrichiens commençait à s'éteindre lorsque *Napoléon* assis, hors de portée, au pied d'un tertre, et causant avec Duroc, fut atteint au-dessous de la malléole externe du pied droit, par une balle morte qui lui fit une forte contusion. « Ce ne peut être, dit-il froidement, qu'un Tyrolien qui » m'ait ajusté de si loin : ces gens-là sont » très-adroits. »

On appela sur-le-champ un chirurgien qui le pansa ; mais *Napoléon* était si impatient, qu'il monta à cheval avant que le pansement fût terminé ; plusieurs généraux vinrent alors lui faire des remontrances sur la témérité avec laquelle il s'exposait : Que voulez-vous, mes amis ? il faut bien que je voie, leur répondit-il.

Conversation arithmétique.

Napoléon aimait à vérifier par lui-même si ses ordres étaient ponctuellement exécutés, et si on ne le trompait pas dans les rapports qui lui étaient faits, et plus d'une fois on le vit aller en simple particulier causer avec ses soldats ou ses ouvriers, s'informer de leur solde et faire rendre gorge ensuite aux payeurs qui avaient rançonné ses braves, ou aux entrepreneurs qui avaient enflé leurs mémoires. Deux exemples entre mille.

Se trouvant un jour à la Malmaison, il se leva de grand matin et se rendit au milieu des ouvriers qui travaillaient aux embellissemens de ce magnifique château, au moment qu'ils se mettaient au travail : il était seul et en robe de chambre, et ne fut nullement reconnu. Il questionna ceux qui lui parurent les plus dégourdis, et apprit, après quelques momens de conversation, qu'ils recevaient 1 fr. 25 c. de salaire. Rentré au château il demanda à l'intendant le mémoire des travaux qui n'étaient pas donnés à l'entreprise : il y vit bientôt que la journée des ouvriers était comptée à 1 fr. 75 c. Il s'informa depuis quel temps les ouvriers travaillaient, en prit note, feuilleta les mémoires, vit qu'il y en avait cent, et fit sur-le-champ un petit calcul arithmétique. Il changea alors de conversation et demanda à l'intendant s'il était payé de ses appointemens : celui-ci répondit qu'il lui revenait environ cent louis ; qu'il ne s'était pas fait payer parce qu'il n'en avait pas eu besoin. *Napoléon* appela alors un de ses secrétaires, qui sortit et rentra presqu'aussitôt avec un sac de 1500 fr. M. l'intendant, dit *Napoléon*, voici un à-compte, donnez quittance. Celui-ci étonné obéit, sans savoir ce que ceci voulait dire : bientôt il ne le sut que trop. — Depuis un mois que cent ouvriers travaillent sous vos ordres, vous leur avez fait un retenue de 50 c. par jour ; voici la saison rigoureuse qui s'approche, et il est juste que chacun dispose du peu que vous avez bien voulu leur mettre en réserve ; si je ne me trompe, cette épargne se monte à 1500 fr., et puisque les voilà disponibles et que vous n'en avez pas besoin, allez avec mon secrétaire leur distribuer leur dû. J'espère qu'à l'avenir vous ne vous ferez plus leur trésorier. — Il passa ensuite chez l'Impératrice Joséphine, et lui dit en riant, que comme la place d'intendant de son château allait être vacante, il lui demandait cette place pour lui, vu qu'il avait une nombreuse famille à soutenir.

— Etant à Vienne, en 1809 ; *Napoléon* passait chaque jour en revue une division de son armée. A la fin d'une parade, il voulut inspecter les équipages des pontonniers. Quarante-huit voitures suivaient les pontons. Tout-à-coup l'empereur fit arrêter la marche, et désignant un charriot numéroté 37, il demanda ce qu'il contenait au général *Bertrand*. Celui-ci lui répondit: Sire, ce sont des cordages, des boulons, des hachettes, des sacs de cloux, des sacs..... — Quel en est le nombre, interrompit *Napoléon* ? Le général le lui dit, et alors, pour vérifier ce rapport, l'empereur ordonna que le caisson fût vidé devant lui ; il compta pièce à pièce, et pour s'assurer qu'on ne laissait rien dans ce fourgon, il grimpa sur le moyeu de la grande roue en s'accrochant aux rayons... Un empereur grimpant comme un charretier sur une roue boueuse !.. C'était à la veille de la bataille de Wagram, et alors cet oubli de sa dignité fut favorablement jugé.

Vivacité de Lannes.

Le duc de Montebello ne fut jamais retenu dans les bornes de la modération par la présence de l'empereur, et plus d'une fois on l'entendit jurer, tempêter à son aise devant *Napoléon*, et même le tutoyer en présence de son état-major. Un jour, c'était la veille de la funeste journée d'Essling, Lannes entra chez l'empereur qui, dans ce moment, avait plusieurs généraux près de lui. Le duc D****, qui apparemment voulait attirer l'attention de *Bonaparte* pour lui dire quelque chose, se glissait toujours entre l'empereur et celui qui parlait. Ce manége impatienta Lannes qui, saisissant le duc par son uniforme, l'enleva et lui fit faire une pirouette, en lui disant: « F.. moi donc le camp de là, l'empereur » n'a rien à craindre au milieu de nous. Au » champ de bataille tu es toujours si loin » derrière nous qu'on ne te voit pas, et ici » nous ne pouvons parler à l'empereur sans » que tu te mettes devant lui. » *Napoléon* se contenta de lui dire : *Doucement, Montebello, doucement.*

Le Cheval l'Evêque.

L'empereur se trouvant à Raab (Hongrie), se préparait à monter un cheval, que Jardin, son premier piqueur, tenait par la bride, lorsque l'évêque de la ville vint lui faire sa cour. *Napoléon*, qui aperçoit le prélat, dit tout bas à Jardin : N'est-ce pas l'évêque ? Le piqueur, qui ne voyait pas l'évêque, et qui ne s'occupait que du cheval qu'il tenait, lui répondit : Non, Sire, c'est *Soliman*. — Je te demande si ce n'est pas l'évêque ? — Je vous assure, Sire, que vous l'avez monté au dernier relais. — *Bonaparte* ne put s'empêcher de rire du quiproquo, en se rappelant qu'il avait un cheval appelé l'*Evêque*.

Fermeté du général Drouot.

Quelqu'emporté, quelqu'impérieux que fût *Napoléon*, s'il trouvait dans celui qui causait son mécontentement quelqu'un qui lui répondît avec fermeté, il revenait sur-le-champ au sang-froid et écoutait ce qu'on avait à lui opposer : s'il avait raison il se donnait alors la peine de le démontrer ; s'il reconnaissait qu'il avait tort, il prenait un ton amical et plaisantait. En 1813, au moment qu'il voulut passer l'Elbe, après être rentré à Dresde, il donna ordre au général Drouot de rassembler 100 pièces de canon pour protéger les travaux qu'il ordonnait pour le rétablissement d'un pont à Ubigau. Il se rendit à Priernitz où cette artillerie devait être placée, et en arrivant, voyant quelques pièces qui n'étaient pas dirigées à son gré, il entra en fureur. Drouot survint, et dans l'effervescence de sa mauvaise humeur, *Napoléon* prit le général par les oreilles et les lui tira assez fortement; mais celui-ci, sans se déconcerter, se débarrassa assez vivement, et d'un ton modeste, mais assuré, il démontra qu'on ne pouvait mieux les placer. Aussitôt l'air mécontent de *Napoléon* fit place à un rire amical, il parut seulement avoir voulu plaisanter et se tranquillisa. Cependant le général Drouot conservait un air sérieux et continuait à justifier ce qu'il avait fait. L'empereur, qui ne cherchait qu'à changer de conversation, voyant à quelques pas de lui un bataillon d'Italiens qui se courbaient pour éviter l'explosion d'une grenade qui venait de tomber à quelques pas de lui, il prit Drouot par les épaules, lui montra le bataillon, et dit d'un ris moqueur et élevé

« *Ah! cujoni non famale.* » Et il s'élança sur son cheval et partit au galop.

Napoléon sur la route d'Ostrolenka.

En revenant de Moskou, quand *Napoléon* eut passé le Niémen, il acheta une mauvaise britschka, recouverte d'une toile cirée en lambeaux, prit la poste, et quitta promptement le théâtre de ses désastres, suivi de MM. *Caulincourt* et *Lefebvre-Desnouettes*; *Rustan* et un valet-de-pied venaient ensuite. Non loin d'Ostrolenka, le triste équipage qui portait le puissant empereur des Français est rencontré dans un chemin étroit par un officier des chevau-légers de Hohenzollern, qui conduisait des chevaux de remonte. L'officier voyant la triste britschka qui allait avec une célérité étonnante, non-seulement n'eut aucune envie de céder le pas, mais craignant que par la rapidité de la marche du traîneau il n'arrivât quelqu'accident à ses chevaux, il prit la bride des chevaux de poste et força *Napoléon* à suspendre sa marche. Celui-ci furieux sort sa tête de la britschka et tempête après l'insolent qui ose arrêter sa marche. L'officier, qui ne reconnaît pas l'empereur, rend injure pour injure, et demande quel est le *maraud* qui veut entraver le service de l'armée. Ce mot rappelle *Napoléon* à l'ordre, et il retombe sans mot dire dans sa triste voiture où il attend patiemment que la remonte ait défilé. Alors l'officier souhaita bon voyage au voyageur et continua son chemin. A peine avait-il fait une demi-lieue, qu'il rencontra le duc de *Vicence* qui lui donna ordre de hâter sa marche, et qui s'informa s'il avait rencontré l'empereur : alors l'officier commença à se douter quel était l'impérieux personnage qu'il avait *rembarré*.

Tendresse conjugale de la Princesse B...

M. *Borglet*, dentiste assez connu, fut un jour appelé chez une des sœurs de *Napoléon*, pour lui arracher une dent. Il la trouva avec un monsieur, qu'il crut reconnaître pour le mari, aux manières *sans façon* dont il en usait chez la princesse. Celle-ci fit quelques difficultés quand il fut question de remettre sa mâchoire entre les mains de M. *Borglet*. Le monsieur employa toute son éloquence ; mais elle était sans effet. — Ma chère, lui dit-il, comment peux-tu faire l'enfant à ce point-là ? Ce n'est qu'un instant de douleur, et tu en seras quitte pour long-temps.

— Tu en parles bien à ton aise, reprit la princesse ; un instant de douleur ! Mais dis-moi donc, il me semble que l'autre jour tu te plaignais aussi d'avoir mal à une dent ; si tu veux me donner l'exemple, je te promets de le suivre et de ne plus faire de façons. — Parole d'honneur ? — Parole d'honneur, dit la princesse ! et le *prince* se plaça dans le fauteuil. M. *Borglet* se met à l'exécution et bientôt le *prince* somme madame de tenir sa parole. Encore quelques minauderies et elle se décide ; l'opération fut prompte, et le *prince* enchanté ouvre un secrétaire, prend un rouleau d'or, le brise, et donne sans compter.

Le soir du même jour, M. *Borglet* se trouva dans une société nombreuse où la conversation vint à rouler sur les dames de qualité qui ont des amans, et les sœurs de *Napoléon* furent citées pour celles qui se gênaient le moins. — Oh ! du moins, s'écria M. *Borglet*, vous en excepterez la princesse *B*......! j'ai vu ce matin même ce ménage dans son intérieur, et l'on ne peut s'imaginer la tendresse dont ces deux époux sont animés. Comme ils s'embrassaient, comme ils se tutoyaient ! ce sont deux tourtereaux ; et voilà comme on rend justice ! — Plus M. *Borglet* parlait, plus il voyait son auditoire sourire; il s'impatienta, et voulut finir par une pièce de conviction irrésistible. — Que direz-vous, messieurs et dames, quand vous saurez que le mari s'est fait arracher une dent, qu'il pouvait fort bien garder, sur la seule invitation de sa femme, et pour lui donner du courage par son exemple ? j'en suis réellement touché ; c'est un ménage qui en est encore à la lune de miel. — Un grand éclat de rire coupe la parole au pauvre M. *Borglet*. Un vieux voisin lui dit alors : Faites-nous le portrait du prince. — A chaque coup de pinceau, nouveaux éclats de rire. Enfin, quand il eut fini, le voisin lui dit : Apprenez, trop confiant docteur, que le prince *B*...... est en Italie depuis trois mois, et que le portrait que vous venez de nous tracer ressemble beaucoup à M. C....., ex-comédien ambulant. — M. *Borglet*, honteux, confus, jura, mais un peu tard, qu'on ne l'y reprendrait plus.

Pourquoi la révolution de Brumaire est arrivée le 18.

La révolution du 18 brumaire ne devait avoir lieu que dans les commencemens de frimaire, lorsqu'une circonstance unique, un mot lâché par inadvertance, en hâta l'exécution. Les jacobins, qui connaissaient quelques-unes des menées du général *Bonaparte* et de ses adhérens, avaient formé un plan qui devait faire échouer toute tentative et sauver la république. Ils devaient l'exécuter dans la nuit du 16 au 17. Le 16, *Briot*, l'un des *complotteurs*, se trouva à dîner avec M. *Jacqueminot*, depuis sénateur ; au dessert l'on s'entretint des affaires du jour, et M. *Jacqueminot* demanda à *Briot* s'il croyait que la discussion sur l'emprunt, qui depuis quelques jours occupait l'assemblée, serait close le lendemain. — Oui, je le pense, répondit *Briot*, à moins cependant que nous *n'ayons du nouveau cette nuit*. — Dans un moment où les partis s'agitaient, et où celui dont était *Briot* devait tout oser pour se sauver, ces paroles parurent un trait de lumière à *Jacqueminot*. Il s'esquive, se rend chez Sieyes ; on convoque tous les conjurés ; on prend des mesures pour paralyser toutes les tentatives des jacobins, on s'arrête à un plan ; et le 18 *Bonaparte* était premier consul.

Les Grenouilles qui demandent un Roi.

Un jour *Napoléon*, en se promenant dans le jardin de l'Elysée, vit les deux fils de Louis se roulant sur une pelouse de gazon. Il les appela et se mit à jouer avec eux. Après un moment de folies, il s'informa de leurs progrès, et il demanda à l'aîné, qu'il affectionnait beaucoup, combien il avait déjà appris de fables ?—Mon oncle, j'en sais quinze. — Récite-m'en une.—L'enfant sur-le-champ dégoise la fable suivante :

> Les grenouilles se lassant
> De l'état démocratique, etc.

Napoléon, qui ne riait pas toujours, se mit à rire aux éclats, et prit pour une gaîeté préméditée ce qui était l'effet du hasard.

Bonaparte sur les côtes d'Egypte.

Quand *Bonaparte* arriva sur les côtes d'Egypte, il fit débarquer quelques troupes près de la Tour des Arabes, et vint lui-même les rejoindre quelques momens après. Au moment où il toucha le sol égyptien, les croisières signalèrent une voile de guerre. *Bonaparte* pâlit, et s'écria : Eh quoi ! fortune, m'abandonnerais-tu déjà ? encore cinq jours seulement. — Il eut plus qu'il ne demandait : on reconnut bientôt la voile pour un vaisseau français. Si Nelson eût paru, c'en était fait de l'expédition.

Mot heureux du général Caffarelly.

Bonaparte se promenait avec le général *Caffarelly* autour des remparts de la Vallette (Malte), et admirait ses travaux extérieurs et formidables, taillés dans le roc. On se récriait sur la force de la place. — Ah ! dit *Caffarelly*, en s'adressant au général en chef, il faut convenir, mon général, que nous sommes bien heureux qu'il y ait eu du monde dans la place pour nous en ouvrir les portes.

Moyens de passer la Mer sans vaisseaux.

M. de *Sucy*, ordonnateur de l'armée d'Égypte, déplorait devant *Bonaparte* la perte de la flotte. — Nous n'avons plus de flotte, s'écria le général; hé bien, il faut rester ici, ou en sortir grands comme les anciens.

Ce qui fit échouer les Français devant Saint-Jean-d'Acre.

Voici un fait assez important, et cependant fort peu connu : nous pouvons en certifier l'authenticité. La prise de Jaffa avait répandu la terreur parmi la garnison de St.-Jean-d'Acre. Nous paraissions invincibles, et dès que nous parûmes les Musulmans quittèrent leurs postes, abandonnèrent leurs remparts, et nous laissaient la victoire sans la disputer. Déjà nos soldats escaladaient ; un moment de plus, et nous étions maîtres de la ville. Le sang-froid de *Djezzar* fit changer la fortune. Il rappelle les fuyards, les ramène à la brèche, tire sur nous deux coups de pistolet et s'écrie : que craignez-vous ? ils ont fui. Les Turcs reprirent leurs postes avec tranquillité, et bientôt, soutenus par les Anglais, ce sont eux qui deviennent invincibles.

Bonaparte *franc Républicain.*

Extrait d'une de ses lettres au citoyen Carnot...... « J'écris au directoire relativement à l'idée de diviser l'armée; je vous jure que je n'ai vu en cela que la patrie. Au reste, vous me trouverez toujours dans la ligne droite. *Je dois à la république* le sacrifice de toutes mes idées. Si l'on cherche à me mettre mal dans votre esprit, ma réponse est dans mon cœur et ma conscience. »

Fragmens remarquables.

Extrait d'une lettre de Bonaparte au directeur Carnot...... « Kellermann commandera l'armée aussi bien que moi, car personne n'est plus convaincu que je ne le suis que les victoires sont dues au courage et à l'audace de l'armée. Mais je crois que réunir Kellermann et moi en Italie, c'est vouloir tout perdre. Je ne puis pas servir volontiers avec un homme qui *se croit le premier général de l'Europe;* et, d'ailleurs, je crois qu'il faut plutôt un mauvais général que deux bons. La guerre est comme le gouvernement, c'est une affaire de tact..... »

Extrait d'une lettre de Bonaparte au Directoire exécutif.... « Vous trouverez ci-joint des lettres de la plus grande importance, entre autres celle où il est question de l'entretien de Louis XVIII avec plusieurs de nos postes à l'armée du Rhin.

« La nouvelle de ces pourparlers se répète dans toutes les lettres d'émigrés; je crois qu'il est urgent d'y mettre ordre.... »

P. S. Parmi les lettres d'émigrés, ci-jointes, vous en trouverez une d'un prêtre qui écrit de Paris au cardinal Zelada ; quoiqu'il ne signe pas, il sera facile de le connaître, puisqu'il dit avoir soupé avec le général Dumuy, la veille du départ de celui-ci. Une fois que le ministre de la police connaîtra ce correspondant de Monseigneur le cardinal, il lui sera facile, en le faisant suivre pendant plusieurs jours, de parvenir à en connaître d'autres. Vous y trouverez aussi le nom d'un négociant de Lyon qui fait passer des fonds aux émigrés.

Les compagnons d'armes de Bonaparte jugés par lui.

BERTHIER : Talens, activité, courage, caractère, tout pour lui.

AUGEREAU : Beaucoup de caractère, de courage, de fermeté, d'activité, a l'habitude de la guerre, est aimé du soldat, heureux dans ses opérations.

MASSÉNA : Actif, infatigable, a de l'audace, du coup-d'œil et de la promptitude à se décider.

SERRURIER : Se bat en soldat, ne prend rien sur lui, ferme.

DESPINOIS : Mou, sans activité, sans audace, n'a pas l'état de la guerre, n'est pas aimé du soldat, ne se bat pas à sa tête; a d'ailleurs de la hauteur, de l'esprit et des principes politiques sains, bon à commander dans l'intérieur.

SAURET : Bon, très-bon soldat, pas assez éclairé pour être général, peu heureux.

ABATTUCCI (1) : Pas bon à commander cinquante hommes.

GARNIER, MEUNIER, CASABIANCA : Incapables, pas bons à commander un bataillon dans une guerre aussi active et aussi sérieuse comme celle-ci. (Italie 1796.)

MACQUART : brave homme, pas de talent, vif.

GAUTHIER : Bon pour un bureau, n'a jamais fait la guerre.

VAUBOIS et SAHUGUET étaient employés dans les places ; je viens de les faire venir à l'armée : j'apprendrai à les apprécier ; ils se sont très-bien acquittés de ce que je leur ai confié jusqu'ici ; mais l'exemple du général DESPINOIS, qui était très-bien à Milan et très-mal à la tête de sa division, m'ordonne de juger les hommes d'après leurs actions.

BONAPARTE.

(*Extrait de sa lettre au Directoire exécutif, 26 thermidor an 4. — 13 août 1796.*)

---

(1) Vieux général de division, oncle du brave Abattucci, mort au siége d'Huningue en 1797.

FIN DE LA VIIe PARTIE.

MÉMOIRES

POUR SERVIR A LA VIE

D'UN HOMME CÉLÈBRE.

FRAGMENS

SUR LE PRISONNIER DE SAINTE-HÉLÈNE.

Joseph Stéphanowski est un jeune militaire de vingt ans, qui, depuis l'âge de quatorze, qu'il quitta la Pologne, son pays natal, a toujours suivi le colonel Pitowski, l'un des officiers d'ordonnance de l'empereur Napoléon. Doué d'un esprit juste et d'un caractère ingénu, il a mérié la confiance du colonel, auquel son petit talent de rédaction a souvent été utile. Lorsque, dans le mois de novembre 1815, Pitowski obtint la permission de rejoindre l'illustre déporté à Sainte-Hélène, son jeune secrétaire sollicita vivement et obtint aussi de l'accompagner. Avec la noble valeur d'un Polonais, il a quelque chose de l'amabilité fran-

VIIIe Partie.

çaise, et beaucoup de cette gaîté un peu vaine qui se passionne pour la gloire et ne hait pas la persécution. Ce tour d'idées a dû lui faire regarder comme un héros de tous les temps celui que, dans des temps plus prospères pour lui, l'Europe aussi admira comme son héros. En conséquence de cette disposition, Stéphanowski a vu avec transport les rochers de Sainte-Hélène : il les habite avec satisfaction, et fortifie, par son hilarité habituelle, la résignation plus réfléchie du colonel. Comme il est d'une tournure avantageuse, qu'il ne manque ni d'étude, ni d'éducation, et que l'uniforme de lancier plaît à Napoléon, sans trop déplaire à ses soucieux geoliers, le jeune Polonais est admis dans la familiarité de la petite cour. Au départ de M. O'Mears, médecin de l'empereur, Stéphanowski obtint de lui qu'il se chargeât d'une petite caisse de graines recueillies dans diverses régions de l'île, et qu'il envoyait à sa mère, bonne femme de plus de soixante ans, qui demeure près de Paris, dans une campagne assez connue par le séjour qu'y fait, depuis longues années, un célèbre naturaliste qui y cultive un jardin botanique. C'est précisément à enrichir ce jardin que sont destinées ces productions exotiques, dont la plus remarquable est un pourpier oléracé, souverain pour guérir du scorbut : en quoi l'attentif Polonais ne s'est pas montré moins bon fils, que botaniste observateur; car, depuis sa dernière couche, dont il est le fruit, sa mère, tourmentée d'une humeur laiteuse, à laquelle s'est jointe l'infirmité du retour, n'a trouvé d'adoucissement que dans les anti-scorbutiques; et, par un singulier concours de circonstances, il a fallu que Napoléon proscrit fût suivi par son fils, pour qu'elle recouvrât la santé.

Quand M. O'Mears, devenu suspect au rigide sir Hudson Lowe, gouverneur de l'île, fut prêt à partir, un commissaire, inspecté par le sous-gouverneur, fit une visite minutieuse et un inventaire exact de ce qu'il emportait. La caisse de graines fut examinée avec un soin d'autant plus scrupuleux, qu'on la savait envoyée par un serviteur du royal prisonnier; mais il ne s'y trouva que trois douzaines de sachets de gros papier gris-bleu, remplis de semences et de baies, timbrés d'étiquettes indicatives du genre, de l'espèce et des variétés des plantes. Une simple nomenclature botanique, tracée au dos de la lettre d'envoi et attachée au couvercle intérieur de la cassette, ne pouvait provoquer, comme en effet elle ne provoqua aucun soupçon. Les graines obtinrent leur passeport; M. O'Méars revint en Angleterre, où elles furent de nouveau visitées; et bientôt il les expédia en France, à T...., près Etampes, à onze lieues de Paris, à la mère de Stéphanowski, qui les accueillit avec une joie reconnaissante, et les remit au docteur P., son hôte, qui se prépara à les semer. Ce savant reconnut avec satisfaction l'*areca oleracea*, qui, suivant l'Héritier, n'est autre chose que la fougère nommée *dicksonia arborescens*; le *gumwood*, sorte de thérébinthacée qui ne croît qu'à Sainte-Hélène; le *redwood*, ou ronce de velours, arbrisseau du Cap, de la famille des ébéniers. M. P. remarqua que, dans les sachets de chacune de ces espèces, il y avait un mélange de graines qui leur était totalement étrangères; et comme ce mélange était assez nombreux et du plus beau choix, il en conclut qu'il n'était ni produit par l'inattention, ni le résultat du hasard. Après avoir mis de côté les belles graines dont ce mélange était composé, il se disposait à employer les autres, quand il reçut, à son adresse à Paris, où il a un domicile, une lettre anonyme, ou plutôt une nomenclature explicative de ces mêmes graines, et qui, à la façon des *Sélams turcs*, attachait une lettre, un mot, un phrase, un discours à chacune d'elle, soit isolée, soit unie à d'autres par diverses combinaisons. On devine l'usage qu'il fit de ces renseignemens : en les appliquant aux graines indigènes que la main de l'ingénieux Stéphanowski avait glissées parmi les exotiques, le docteur P. découvrit d'abord un alphabet complet, lequel, au moyen d'un petit nombre de variations, produisit une suite de phrases très-intelligibles. Ce sont ces phrases qu'on a recueillies, et dont on enrichit ces Mémoires : au défaut d'élégance, elles ont au moins le mérite dans la forme, comme, probablement pour le fond, celui de la vérité (1).

I.

Le 10 novembre ne sortira jamais de ma

---

(1) Notre première idée a été de faire graver cet alphabet botanique, afin de répondre aux objections de l'ignorance ou de l'incrédulité; mais il ne fallait pas beaucoup de réflexion pour comprendre que la tyrannie, quelle qu'elle fût, abuserait bientôt de cette confiance. Comme cette voie de correspondance peut varier à l'infini, au moyen d'un léger changement, l'indiquer sans explication ce n'est point être indiscret : nous ne le serons que le jour où il y aura sécurité, c'est-à-dire, quand les M. ne feront plus la police au café Valois, et que les B. ne mettront plus au secret *pour une épingle*.

mémoire. Le colonel était déjà à terre, que j'étais encore dans la chaloupe. Il y avait beaucoup de monde sur le rivage; mais il ne voyait rien. On murmurait toutes sortes de bruits; mais il n'entendait rien. Je me rappelle que, durant le trajet de James'Town à Long-Wood, il faillit perdre son mouchoir, son portefeuille et sa pipe. Je le lui dis; mais il ne voyait, n'écoutait, ni n'entendait. Cette dernière, je veux dire sa pipe, étant sortie de sa poche, que le mouvement inégal d'une marche escarpée faisait entre-bâiller, je lui dis: Passe pour le mouchoir, *mais la pipe!...* Je savais qu'il tenait beaucoup à cette pipe, dont le fourneau, très-commun, est d'une terre brune, mais qui fut essayé une fois par Napoléon, au bivouac de Wagram, la veille de la bataille. L'empereur, qui, je crois, ne fuma jamais, s'avisa, cette nuit-là, comme il s'éveillait tout transi, de demander une pipe : le colonel fumait la sienne, le dos tourné, et n'osait l'offrir; mais à la fumée, le monarque le devina, et la lui prit moitié riant, moitié grondant; car il est sévère en diable sur l'étiquette. Mais à peine eut-il pompé une bouffée, qu'il fit une grimace horrible, et jeta la pipe à cent pas, en jurant. Le colonel s'élança pour la ramasser, et dit, en la serrant : Elle ne me quittera qu'avec la vie ! L'empereur l'entendit, prit un air d'abord étonné, puis attendri, et lui tendit la main en souriant. Eh ! bien, c'était cette même pipe qu'il allait perdre en arrivant à Sainte-Hélène. Sur mon avertissement, il sortit de sa rêverie par une exclamation: Donne! donne! s'écria-t-il; et je crois qu'en la cachant dans son sein, il la porta à ses lèvres. Vous allez la lui montrer? lui dis-je. Ah! répondit-il, dans quel lieu ! Je l'entendis nommer *Wagram;* et aussitôt nous pleurâmes....

Un quart-d'heure après nous aperçûmes l'enceinte de Long-Wood, tracée en totalité, et commencée en cinq endroits différens. Le colonel, voyant un groupe, la franchit d'un trait, car il avait reconnu l'empereur.

Moi, je le cherchais encore parmi des officiers et des dames qui l'entouraient, que déjà le colonel était dans ses bras, je devrais dire à ses pieds, car mon pauvre maître, étouffé et encore plus ému, tomba presque évanoui. L'empereur le soutint. Madame Bertrand ouvrit son sac, et voulut lui faire respirer un flacon. J'entendis l'empereur qui disait : Comme il est pâle ! Il étouffe ! Allons, Pitowski, du courage ! On l'assit au pied d'un tamarin, auprès duquel je me glissai. En ouvrant son doliman, la pipe tomba, et le hasard voulût que Napoléon l'eût en main quand le colonel revint à lui. Un coup d'œil échangé entre eux retraça sur-le-champ à l'empereur un pénible et glorieux souvenir. Oui, dit Pitowski en soupirant, c'est encore elle; mais où est Wagram? L'empereur, en relevant mon maître, lui prit le bras avec tendresse, et, lui montrant le ciel avec autorité: Dans le livre qui est écrit là-haut, dit-il, et l'ingratitude des hommes ne pourra l'effacer.

Dans cette scène, je me suis oublié; mais rien n'est petit pour *le grand* Napoléon (1), et il me remarqua. C'est Stéphanowski, dit-il, en me pinçant l'oreille? il nous fera rire, si la déportation ne l'a pas corrigé. Pas plus d'être un fou, répondis-je, qu'elle ne corrigera Votre Majesté

---

(1) Il est inutile de faire remarquer que celui qui parle est un fou de vingt ans. A cet âge, la gloire qu'on voit à travers la fumée de canon paraît bien belle; à cinquante, une paix qui ne coûte que deux milliards, mais qui assure la tranquillité des digestions ministérielles, semble bien bonne. Quant à l'honneur, c'est autre chose; mais, comme dit le proverbe, cette sagesse des nations : Un peu de honte est bientôt passée. (*Note du général Gourgaud.*)

d'être un héros. C'est quelquefois synonymes, reprit l'empereur en riant; mais tais-toi, si tu ne veux pas que sir Hudson n'élève son rempart de vingt toises de plus. Ah! ah! répliquai-je, les Anglais de l'Atlantique sont donc comme ceux de l'Europe? Ils tremblent devant les héros.

II.

Avant d'entrer dans le détail de la vie intérieure de l'illustre exilé, j'en tracerai quelques-uns sur la situation actuelle de sa résidence. Perdue, comme un point invisible dans l'immensité de l'Océan Atlantique, elle n'était connue jusqu'alors que des géographes, et fréquentée que par les vaisseaux de la Compagnie des Indes qui y relâchaient. Maintenant, cet atôme a fixé les regards de l'univers; car l'homme qui a rempli l'univers de son nom, termine là des destins pour lesquels l'univers était trop étroit, et il a communiqué à cet atôme une partie de sa célébrité. Quelques renseignemens exacts et pris sur les lieux ne seront donc point sans intérêt.

Aussitôt que nous eûmes débarqué, nous trouvâmes un pont-levis, sur lequel nous passâmes, et d'où nous entrâmes dans un chemin bordé, d'un côté, de cent vingt pièces de canon de gros calibre, et de l'autre, de deux rangs d'arbres d'une verdure brillante. Ce sont, je crois, des bananiers. Pour entrer dans la ville, nous passâmes sous une porte construite dans l'épaisseur d'une terrasse qui se prolonge autour d'une partie de la ville, et en forme le rempart. Du côté de la place d'armes, il décrit un carré de plus de cent pieds. Quoique défigurée par plusieurs maisons mal bâties, cette place ne manque pas d'une certaine apparence. A gauche, s'élèvent ce qu'on appelle *le Gouvernement*, et le corps-de-garde. Le premier de ces édifices, entouré d'une muraille garnie d'embrâsures, s'appelle *le Château*. C'est l'habitation du gouverneur, à laquelle on a joint les bureaux du gouvernement. L'église, située en face de la porte, est d'une architecture simple, mais élégante. Entre cette église et les palissades qui enclôsent le jardin de la Compagnie, se trouve la Grand'Rue, qui contient sept maisons et un magasin, tous bâtimens propres, élégans et alignés. Cette rue est traversée par deux autres, dont l'une se dirige vers l'orient, et l'autre vers le haut vallon, où sont placés les casernes, un grand et beau jardin et l'hôpital. Nous remarquâmes, dans cette dernière rue, plusieurs boutiques amplement fournies en marchandises des Indes et de l'Europe. C'est la demeure des marchands. Les habitans les plus riches et les plus considérés occupent les maisons de la ville basse (1).

J'ajouterai à cette première vue, celles qui furent successivement esquissées par le capitaine Cavendish, en 1588, et en 1691, par le capitaine Dampier. J'y joindrai quelques observations qui me sont personnelles. Voici comment s'exprime le premier :

« Nous débarquâmes, dit-il, vers deux ou trois heures de l'après-midi, dans une vallée agréable, parsemée de maisons et de beaux édifices, au nombre desquels se distinguait l'église couverte en tuiles, blanchie intérieurement et ornée d'un beau pérystile. Dans l'intérieur était un autel surmonté d'un très-grand tableau encadré, représentant le Sauveur sur

---

(1) Tout ce qui suit, jusqu'au paragraphe 3, était tracé sur des feuilles de papier blanc servant de doublure aux sacs de graines. On conçoit que ces détails, purement historiques ou topographiques, ne pouvaient paraître suspects aux inquisiteurs anglais, et que ceux qui leur devaient sembler tels, se réfugièrent dans la correspondance mystérieuse.

la croix, et la Sainte-Vierge priant auprès de lui. Plusieurs traits de l'Histoire-Sainte sont peints sur le même tableau. Les côtés de l'église étaient tendus de tapisseries qui représentent aussi divers sujets.

» A chaque côté de l'église, on a construit une maison; elles contiennent des cuisines, offices et autres appartemens. Les toits sont en terrasse : on y a planté de la vigne qui fait un effet agréable à la vue. Un ruisseau d'eau douce traverse ces deux maisons.

» Un beau chemin, bien pavé, descend vers une vallée au bord de la mer. Dans cette vallée, on a planté un jardin, où croissent en abondance des melons et des potirons. Vers le bord de la route, on a élevé un poteau auquel sont suspendues deux cloches qui servent à sonner la messe, et non loin de là est une croix encadrée et artistement travaillée en pierre de taille: une inscription indique qu'elle fut érigée l'an de grâce 1571.

» Cette vallée est la plus belle et la plus étendue des basses terres de l'île; elle est extrêmement agréable, et bien cultivée en fruits et en plantes potagères.

» Il y a des figuiers qui donnent du fruit sans interruption et en grande abondance, car on voit en même temps des *fleurs*, des fruits verts et des fruits mûrs. (Cavendish se trompe, en disant *on voit :* les fleurs du figuier, mâle et femelle, sont renfermées dans l'intérieur d'un réceptacle charnu, qui est la figue ; les fleurs femelles tapissent l'intérieur du réceptacle, et les mâles, en petit nombre, sont à l'ouverture).

» On trouve aussi dans cette vallée un grand nombre de citronniers, d'orangers, de grenadiers, de cédrats et de dattiers qui portent des fruits comme les figuiers. Tous ces arbres sont bien soignés, et placés de manière à former des promenades charmantes, qui offrent des ombrages agréables. Dans les intervalles, on a planté du persil, de l'oseille, du basilic, du fenouil, de l'anis, du senevé, des radis et plusieurs bons légumes. Le ruisseau, dont nous avons parlé, traverse aussi ce verger, et peut facilement arroser tous les arbres de la vallée.

» Ce ruisseau descend du haut des montagnes, et forme une chute d'eau de la hauteur d'une encablure : il se partage en plusieurs branches, et coule dans toute l'île, arrosant, pour ainsi dire, chaque arbre qui s'y trouve.

» L'île est formée de hautes montagnes et de vallées profondes : dans ces dernières croissent partout en abondance les fruits dont nous avons parlé. Les sommets des montagnes en produisent encore davantage; mais elles sont si élevées et si escarpées, qu'on ne peut parvenir à leur cîme qu'avec de grandes difficultés et avec un péril imminent.

» L'île renferme aussi une grande quantité de perdrix : elles sont si peu sauvages, qu'elles se laissent approcher de très-près et ne s'envolent point, mais se mettent seulement à courir parmi les rochers. Nous en tuâmes quelques-unes avec un fusil de chasse. Elles diffèrent beaucoup de celles d'Europe, tant en grosseur qu'en couleur; elles habitent par couvée de douze, seize, ou même vingt, et l'on ne peut faire cent cinquante pas sans découvrir une ou deux de ces couvées.

» Les faisans sont encore en grand nombre : ils sont aussi plus gros et plus gras que ceux de notre pays, et ils vivent en société. Ils ressemblent assez, pour la couleur, aux perdrix. Nous avons vu dans l'île beaucoup de coqs d'Inde : ils sont noirs et blancs, et ont la tête rouge. Ils ne diffèrent pas beaucoup des nôtres pour la grandeur. Les œufs des femelles sont blancs et de la grosseur ordinaire des œufs de poule d'Inde.

» Il y a dans cette île des milliers de chèvres

de l'espèce que les Espagnols appellent *cabrito:* elles sont très-sauvages. On en rencontre souvent jusqu'à cent et deux cents ensemble, et le troupeau couvre parfois l'espace d'un mille. Quelque-unes d'entre elles (je ne sais si elles forment une espèce différente, ou si cette variété n'est due qu'au climat), sont de la grosseur d'un âne : elles ont une crinière comme un cheval, et une barbe qui descend jusqu'à terre ; elles montent avec une agilité étonnante sur des rochers où l'on s'imaginerait qu'aucun être vivant ne doit pouvoir parvenir. Nous en prîmes et tuâmes plusieurs, malgré leur légèreté ; car on en trouve par milliers dans les montagnes.

» Les cochons sont aussi fort nombreux : ils sont très-sauvages, très-gras et d'une taille remarquable. Ils habitent les montagnes, et ne se laissent pas facilement approcher : on ne peut les prendre que lorsque, par hasard, on les trouve endormis, ou bien lorsqu'ils sont couchés et enfoncés dans la fange, selon leur coutume.

A notre arrivée, nous trouvâmes dans les maisons trois nègres et un Javanais. Quand les Portugais, à leur retour de l'Inde, touchent à cette île, elle leur fournit de tout en abondance ; car ils ne permettent à personne d'y demeurer, et d'en consommer ainsi les produits ; seulement, s'il se trouve sur leur flotte quelques malades hors d'état de continuer le voyage, ils les laissent dans l'île, et les remmènent l'année suivante, s'ils les retrouvent en vie. »

Vers l'année 1691, le capitaine Dampier aborda à l'île Sainte-Hélène, pendant son voyage autour du Monde. La description qu'il en fait servira à faire connaître la situation de la colonie à cette époque :

» L'endroit ordinaire du débarquement est une petite baie en forme de demi-lune, ayant tout au plus cinq cents pas d'ouverture. Près du rivage de la mer sont des canons en bon état, placés à distances égales d'un bout de la baie à l'autre. Il y a en outre un petit fort qui se trouve un peu plus en avant dans les terres et vers le fond de la baie. L'île se trouve par là si bien défendue, qu'il serait impossible de la forcer. La petite crique où le capitaine Munden débarqua ses soldats, lorsqu'il reprit l'île sur les Hollandais, peut à peine servir à une chaloupe : elle est néanmoins fortifiée aussi bien que le reste.

» Une petite ville anglaise est située au fond de la grande baie, dans une vallée entre deux montagnes; elle se compose de vingt à trente maisons bâties en pierres brutes : l'ameublement et tout l'intérieur des habitations ont un air misérable. Le gouverneur a une maison basse, mais assez propre, non loin du fort. Quant à celles de la ville, elles sont toujours vides, excepté quand il arrive des vaisseaux ; car tous les propriétaires possèdent aussi des terres dans l'intérieur, où leurs occupations habituelles les retiennent. Mais aussitôt que des navires se montrent, les habitans s'empressent de se rendre à la ville, et y demeurent tant que les vaisseaux restent dans son port. C'est le moment de la foire et du marché. Ils vendent les produits de leurs plantations, et achètent les objets dont ils ont besoin.

»Ces produits consistent en patates, ignames, fruits de platanes et bananes. Ils sont très-bien fournis en cochons, bœufs, poules, canards, oies et poules d'Inde, qu'ils vendent à très-bon marché aux matelots, et prennent en retour des chemises, des caleçons, d'autres habillemens légers, des pièces de calicots, de soie ou de mousseline. Ils mettent aussi un grand prix au rack, au sucre et au jus de limon. Ils ont maintenant l'espérance d'avoir bientôt du

VIIIe Partie.

vin et de l'eau-de-vie, car il est arrivé quelques Français qui ont planté des vignes, et qui ont entrepris de les cultiver.

» Il est assez ordinaire que les marins, après un voyage de long cours, souffrent considérablement du scorbut; leur seul espoir est alors qu'ils guériront en arrivant dans cette île, et cette espérance n'est presque jamais trompée; car l'île produit en abondance les herbes les plus salutaires. On commence par tremper ces herbes dans l'eau de leurs bains, pour assouplir leurs membres roidis; ensuite on les leur donne intérieurement avec de bons fruits et de la viande fraîche, ce qui ne manque pas de leur rendre promptement la santé. On a vu des hommes qu'on avait été obligé de porter à terre dans des hamacs, se trouver au bout de huit jours en état de sauter et de danser. Il n'y a pas de doute que la pureté et la salubrité de l'air ne contribuent aussi beaucoup à leur guérison, car il y a toujours ici une brise fraîche. Plusieurs de nos matelots firent des conquêtes dans cette île, et y prirent des femmes qu'ils emmenèrent avec eux. Les jeunes personnes de Sainte-Hélène, quoique nées dans l'île, désirent ardemment être délivrées de la prison où elles gémissent. Elles sont bien faites, et leur figure serait agréable, si elles étaient habillées avec plus de goût. »

III.

Une journée de Sainte-Hélène est l'image et donnera l'idée de toutes les autres. Seulement, je choisis, pour vous la décrire, celle qui, durant les trois premiers mois de mon séjour, fut la plus remarquable pour quelques détails qui lui sont particuliers. En obéissant aux règles des auteurs dramatiques, je commence par établir le lieu de la scène, et même par indiquer les décorations. L'empereur a occupé, il occupe encore la maison du principal habitant de Sainte-Hélène, sir Belcôme : c'est une habitation sainement située, bâtie avec autant d'élégance que de solidité, distribuée, à l'intérieur, de la manière la plus commode, et d'où l'on découvre plus de vingt de ces perspectives pittoresques qui enrichissent l'île. On assure que jusqu'au mois de mars prochain, l'empereur résidera dans cette métairie, et qu'à cette époque, il la quittera pour celle de Longwood, qu'il n'habitera encore que provisoirement. En définitif, on lui destine un palais, dont j'ai vu le modèle en relief, et dont toutes les pièces, correspondantes par des numéros, à celles de ce modèle, se charpentent à Londres. On les enverra ici toutes fabriquées, et l'emplacement, pour les élever, est déjà marqué : c'est au revers de Longwood, à mi-côte, sur un terrain de roche, revêtu d'une légère couche d'*humus* argilo-siliceux, arrosé par deux filets d'eau très-limpides et où brille la plus riante végétation. Presqu'au pied et en face de ce tertre, à l'orient de James' Town, est située la maison du général Bertrand. Les autres *amis* qui se sont dévoués à la proscription de Napoléon, se sont contentés de petits appartemens, de chambres peu spacieuses et même de réduits obscurs, qui du moins ont l'avantage de les rapprocher de sa personne. Dans ce nombre, je remarque principalement, outre mon aimable et excellent maître, le colonel Pitowski, le plus ardent des serviteurs du monarque détrôné; le brave général Gourgaud, aussi actif sur le champ de bataille, que méditatif et profond dans le cabinet; le comte Las Cases, plus connu et si célèbre sous le nom de Le Sage, qu'il a illustré par son *Atlas historique*, l'un des plus ingénieux monumens que la science et la patience aient élevé aux Filles de Mémoire. Je me réserve de vous parler bientôt des femmes qui embellissent la petite cour du proscrit. Ma narration serait incomplète et sans grâces, si, dans notre solitude atlantique, je ne faisais briller, au moins à demi, celles de la douce comtesse de Montholon, de la noble comtesse Bertrand, de la vive et piquante Sophie M***, de la capricieuse Virginie B.-E. Je dirai aussi quelque mots de ces enfans si aimans, si attentifs, la plupart si spirituels, tous si studieux et si soumis. Il échappe quelquefois à leur naïveté des réflexions, ou, pour mieux dire, des saillies singulières. Dernièrement Las Cases donnait aux quatre enfans, ceux du comte Bertrand et les siens, une leçon de géographie. Sous quels degrés sommes-nous, demanda-t-il à l'un d'eux? (en élevant un globe terrestre, sous le 15 deg. 55 min. latitude sud et 5 deg. 49 min. de longitude ouest de Greenwich, ou 8 deg. 14 min. de Paris.) Sous la latitude d'Athènes, répond l'aîné. Non, dit le plus petit, mais sous la longitude de Rome. Qu'entendez-vous par là? répond l'instituteur. Que nous vivons dans un pays qui proscrit ses grands hommes, répond le premier. Pas du tout, interrompt vivement l'autre, mais dans un pays qui bannit ses tyrans. Ces réponses, rapportées à Napoléon, lui firent dire : l'un peut avoir raison, sans que l'autre ait tort.

L'enceinte de l'habitation de sir Belcôme, formée par une ceinture de rochers bizarrement entassés, est plantée d'arbres verts, tels que des pins, des thuyas, des cyprès, parmi lesquels s'élèvent quelques romarins, et revêtue d'une sorte de mousse gris de fer et brune, dont les petites fleurs bleues et jaunes sont disposées en zig-zag, et produisent de loin un effet très-joli. Au revers intérieur, on trouve une haie de groseillers qui, faisant succéder sans interruption leurs jeunes feuillages aux feuilles anciennes, montrent même dans la mauvaise saison, un printemps éternel. Un sentier, en spirale, large de quatre pieds et sablé de madrépores pulvérisés, vous conduit entre deux murailles de verdure à l'entrée principale de l'habitation. Cette entrée, masquée par un triple rideau de figuiers du Bengale, est surmontée par des bambous qui balancent à plus de cent pieds dans les airs leurs flèches toujours mobiles; et des myrtes nains, des rosiers de la Chine et de nombreux massifs de plantes buissonneuses croissent entre chaque arbre de l'avenue et les unissent.

Un perron, très-ridiculement assiégé par un corps-de-garde, conduit à un grand vestibule, sous lequel ouvrent, d'un côté les cuisines, de l'autre des caves et des selliers. Presqu'au milieu de ce vestibule s'élève l'escalier, d'abord d'une seule rampe, puis divisé, à son premier pallier, en deux branches, dont celle de droite conduit aux appartemens de l'empereur. Ils sont composés d'une première pièce, où couchent deux sentinelles, qu'on nomme gardes d'honneur, parce qu'en effet elles n'ont pas la mission expresse de gêner la liberté intérieure de Napoléon. La salle suivante est le séjour habituel d'une espèce d'huissier qui, après avoir pris le nom de ceux qui demandent audience, l'envoie solliciter par un second huissier, en sous-ordre, et vous transmet le résultat de votre demande. Un laquais et un valet-de-chambre se tiennent dans une troisième et plus vaste antichambre, sur laquelle s'ouvre le salon particulier, la bibliothèque et deux cabinets de l'empereur. L'un tapissé de cartes est consacré à la géographie : dans l'autre, qui est adossé à sa chambre à coucher, il travaille seul. C'est là que, levé avant l'aurore, il écrit et s'occupe de la rédaction de ses *Mémoires*. Ce sera l'ouvrage le plus curieux du temps, comme celui qui en est le héros et l'historien, est l'homme le plus extraordinaire du siècle.

Les premières heures de la journée sont pour les mathématiques. Dans cette partie de la géométrie transcendante, il paraît n'avoir rien inventé; et Lagrange, Euler et Laplace seront sans doute cités avant Bonaparte; mais, au jugement des plus habiles ingénieurs, il en est peu qui, qui plus que lui, aient avancé l'application de la science à la mécanique usuelle. J'ai entendu Carnot, bon juge en cette partie, lui rendre à cet égard pleine justice.

A huit heures, déjeûner, auquel sont invités tour à tour les généraux et les dames de la cour, ordinairement grossie par quelques étrangers qui ont obtenu l'honneur d'être présentés. Dans ces déjeûners, où règne une pleine liberté, la majesté du monarque s'éclipse pour ne montrer que l'homme aimable; car, malgré tant de jugemens hasardés, Napoléon est aimable quand il veut. Il est prévenant envers les dames, caresse beaucoup les enfans, parle politique et législation aux hommes, tactique et stratégie aux militaires, littérature, modes même et caquets d[...]stiques avec tout le monde; aussi, tout le monde le trouve-t-il charmant, et dit-il que c'est un homme universel.

Pourtant il est soucieux parfois, et, sous ses sourcils plissés, on voit souvent briller ses yeux d'un feu sombre, que les regards de Mlle Sophie N*** ont cependant le pouvoir d'adoucir.

Cette aimable Sophie a, dit-on, été demoiselle de compagnie d'une ancienne amie de Mme de Beauharnais, puis lectrice de l'impératrice Joséphine. C'est une personne très-vive, très-franche et quelquefois très-maligne. Elle a, depuis long-temps, l'habitude de dire à l'empereur de ces grosses vérités qu'on serait épouvanté d'entendre dans une autre bouche, et elle profite de ce franc parler pour mettre à peu près tout le monde sous sa baguette véridique. J'en excepte pourtant la douce et spirituelle comtesse de Montholon, dont la candeur et l'absence de toutes prétentions ont trouvé grâce devant elle. Quant à la comtesse Bertrand, hautaine, fière, froide, positive et surtout d'une humeur variable, Mlle Sophie n'a pas assez de sarcasmes pour railler ses caprices. La comtesse, digne et sérieuse, oppose la roideur à l'artillerie d'épigrammes de la sémillante soubrette ; et, spectateurs de ces luttes souvent renouvelées, nous avons bien de la peine à nous défendre le rire.

Au sortir du déjeûner, l'empereur passe quelques minutes sur une terrasse qui, de sa petite salle à manger, domine la partie septentrionale de l'île. Là, il marche très-rapidement, s'arrête quelquefois tout à coup, et parle assez souvent à haute voix. Rentré dans son cabinet, il y relit le travail de la veille, dont il confie la copie à un secrétaire de confiance. Ce dernier, je vous assure, n'a pas une médiocre tâche, car l'écriture de Napoléon, surchargée de ratures, embarrassée d'additions et d'observations, est un grimoire presqu'illisible. Tandis qu'il le déchiffre, ce prince lui taille, pour le lendemain, une nouvelle besogne, en ajoutant bon nombre de pages aux précédentes. C'est ainsi que se bâtit, feuille à feuille, l'édifice de ces *Mémoires politiques et militaires*, où, tour à tour, gouvernant et guerrier, Napoléon a rempli, comme César, les deux plus grands rôles de la vie humaine, et où, mieux que ce général-empereur, il se fait l'historien des événemens dont il est le héros.

Entre deux et trois heures, dîner de Sa Majesté. Elle est servie moins splendidement, mais avec le même cérémonial qu'aux Tuileries, et certainement, dans les courtisans que son auguste infortune lui attache, on ne voit ni envieux, ni jaloux, et surtout ni traîtres. Là, aucun grand, aucun général, ne cherche à vendre à l'étranger les secrets de son maître, et à échanger contre des honneurs et des dotations de lâches confidences et de coupables services. Ces crimes odieux, colorés des plus nobles prétextes, sont demeurés dans les cours d'Europe, où une gratitude intéressée les a mieux récompensés que des vertus.

Après le dîner, l'empereur se livre à la longue promenade dont sa santé a le plus indispensable besoin. Selon le docteur O'Méars, ce prince doit faire dix à douze milles de suite, et journellement, s'il veut conserver entre les fluides et les solides l'harmonie nécessaire à son existence. Sir Hudson Lowe aurait bien bonne envie de contrarier en cela le véridique médecin ; mais si, un jour, fidèle à son système inquisitorial, ce gouverneur oppose de minutieuses sévérités aux besoins de son prisonnier, celui-ci, plutôt que de se soumettre à cette tyrannie *en monnaie*, gardera l'appartement, et, faisant d'une cellule son tombeau, consommera un lent et douloureux suicide (1).

---

(1) Cela se vérifie : Napoléon, condamné par sir Hudson à des précautions exagérées, a préféré se claquemurer, plutôt que de s'y soumettre. Le docteur O'Méars, sous prétexte, ou peut-être en effet parce qu'il avait reçu d'Europe des dépêches pour le déporté impérial, a été remmené en Angleterre. Napoléon, déjà privé du comte Las

La fin de la promenade voit commencer des exercices d'un tout autre genre. Tandis que les enfans se livrent à des ébats gymnastiques, Napoléon reçoit du comte de Las Cases une leçon d'anglais, et, à son tour, il lui en donne de langue italienne. Souvent Mlle Sophie assiste à cette dernière leçon et la partage.

Le souper, ou plutôt la collation, qui a lieu à neuf heures, est souvent précédée d'une bouillotte ou d'une partie de billard. A ce repas du soir, règnent la confiance, la liberté, la familiarité. Les Anglais retirés, c'est le moment des confidences réciproques, des plaisanteries, d'une douce hilarité, souvent tempérée par des souvenirs. Quelquefois ceux-ci et les narrations qui les accompagnent prolongent bien avant dans la nuit des journées que la présence d'un grand homme fait trouver courtes et glorieuses, mais que ses revers semblent avoir vouées à d'éternels regrets..................
....

Cases et du général Gourgaud, n'a plus voulu voir personne, et surtout les Anglais. La justice des souverains, dont ce prince est le prisonnier, vient de permettre à la famille Bonaparte d'envoyer un médecin à son chef. Le choix est tombé sur le docteur de La Roque, homme qui réunit les lumières à l'humanité.

IV.

Un grand événement vient de se passer ici, et, en même temps qu'il nous afflige, il nous livre aux plus cruelles conjectures. Des lettres que le comte Las Cases écrivait en Europe ayant été interceptées, il a subi, devant le gouverneur, un interrogatoire humiliant, terminé par son arrestation. Deux jours après, j'ai appris sa déportation au Cap de Bonne-Espérance. On dit que M. O'Méars, inculpé dans cette affaire, est menacé d'un sort semblable. Je m'abstiens de toute réflexion, hormi celle-ci : c'est que l'intention de l'Angleterre, qui veut faire oublier Napoléon dans son exil, est mal servie ; opprimé par un geolier aussi ridicule que barbare, il deviendra plus célèbre encore par ses malheurs que par sa gloire : et qu'y a-t-il de plus intéressant que la gloire malheureuse ?..................
....
....

......A son arrivée au Cap, le comte Las Cases traça à la hâte un projet de pétition au parlement d'Angleterre, concernant l'illustre prisonnier qu'il venait de laisser à Longwood. En dépit de la surveillance dont il était l'objet, il l'adressa à un membre distingué de la législature britannique, en le priant de faire donner à cet écrit la contexture et les formes convenues; mais, soit qu'il arrivât trop tard pour la session, soit qu'il présentât des inconvéniens à celui auquel il était adressé, soit peut-être qu'il ne lui soit point parvenu, il n'en a jamais été question.

La discussion de la chambre des communes, du 14 mai dernier, ayant déterminé la publicité de certains documens de la même source, faire connaître celui-ci a paru indispensable, surtout dans un moment où leur réunion permet d'espérer qu'il sera pris par eux en haute et digne considération. (*Of its being taken into considération.*)

... *N. B.* Nous donnons, par extrait cette pétition, que la sécurité constitutionnelle dont la présence des Chambres fait jouir la France, nous aurait permis de publier intégralement (1). Cependant, par respect pour des autorités, tou-

---

(1) Publiée en Angleterre sous ce titre : *An Appeal to the Parliament of Great-Britain, on the case of the emperor Napoléon;* by count *Las Cases.* — London : printed for James Ridgway, Piccadilly. 1819.

jours vénérables, même dans leurs erreurs, nous avons dû supprimer certaines expressions choquantes, comme amortir certaines pensées qui jeteraient ou ranimeraient, sinon des germes séditieux, au moins des souvenirs inquiétans. Que cette déclaration tranquillise les timorés et désarme les susceptibles.

Cap de Bonne-Espérance, 1817.

Un simple individu, un faible étranger, ose élever sa voix au milieu de vous, représentans du peuple d'Angleterre; mais il vous invoque, au nom de l'humanité, de la justice, au nom de votre gloire. Parlerait-il en vain? pourrait-il n'être pas écouté?

Jeté hors de Sainte-Hélène; enlevé d'auprès du plus grand monument des vicissitudes humaines qui fut jamais, je me traîne vers vous pour vous peindre sa situation, ses souffrances.

Arraché soudainement d'auprès de lui, et sans qu'il ait été possible de le prévoir; privé de toute communication, mes paroles, mes idées, ne seront que de moi : elle n'auront d'autre source que mon cœur. Peut-être l'âme altière de celui qui en est l'objet s'irritera-t-elle de la démarche que j'entreprends en ce moment, pensant qu'ici-bas, il ne doit, il ne peut appeler de ses griefs qu'à Dieu seul. Peut-être me demandera-t-il qui m'a commis les soins et le bien-être de sa vie? N'importe.... Vous avez banni dans les déserts de l'Océan, celui dont la magnanime confiance venait *librement* et *par choix* vivre au milieu de vous sous la protection de vos lois qu'il avait cru toutes puissantes : sans doute, vous ne cherchâtes dans votre détermination que ce qui vous semblait utile ; vous ne prétendiez pas être justes ; autrement, on vous demanderait, qui l'avait mis en votre pouvoir? qui vous avait donné le droit de le juger? sur quoi l'avez-vous condamné? qu'avez-vous entendu dans sa défense? Mais vous avez porté une loi..... Elle existe, je la respecte..... Vous n'entendez ici que le récit des maux dont on accompagne vos décisions et contre vos intentions sans doute.

Représentans de la Grande-Bretagne, vous avez dit ne vouloir que vous assurer de la personne de l'empereur Napoléon et garantir sa détention. Cet objet rempli, vous avez entendu qu'on prodiguât tout ce qui pourrait adoucir, alléger ce que vous avez pensé l'œuvre, l'obligation de la politique : tels ont été l'esprit, la lettre de vos lois, les expressions de vos débats, les vœux de votre nation. Eh bien! il n'est parvenu à l'illustre captif, sur son affreux rocher, que la partie sévère de vos intentions : heureux encore si elles n'avaient pas été outre-passées!... Sous le prétexte vain d'appréhensions purement imaginaires, chaque jour a vu de nouvelles contraintes. Son âme fière a dévoré chaque jour de nouveaux outrages. Tout exercice lui est devenu impossible; toutes visites, toutes conversations se sont trouvées à peu près interdites. Ainsi, les privations de toute espèce, les contrariétés de toute nature, se joignent pour lui à l'insalubrité mortelle d'un climat tout à la fois humide et brûlant..... On reserre à chaque instant d'une manière effrayante le cercle de sa vie. Il est réduit à garder sa chambre. On va lui donner la mort....

Avez-vous donc voulu toutes ces choses? Non, sans doute; et quels motifs pourraient les justifier? La crainte d'une évasion?..... A Longwood, on tient toute évasion pour impossible, on n'y songe pas. Certes, chacun voudrait accomplir l'entreprise au prix de sa vie. La mort paraîtrait douce pour un si glorieux résultat. Mais comment tromper des officiers en constante surveillance? échapper à des soldats bordant le rivage? descendre des rocs à pic, se jeter pour ainsi dire à la nage dans le vaste océan, franchir une première ligne de bateaux, une seconde de vaisseaux de guerre; lorsqu'on est dominé de tous les sommets, qu'on peut être environné, suivi de signaux à chaque instant et dans toutes les directions? Et sur quelles embarcations se hasarderait-on? Il n'en existe point à portée du rivage. Sur quel bâtiment chercherait-on un refuge? Il n'en est de près ni de loin. Tout étranger, tout national même devient la proie de vos croiseurs, s'ils s'approchent sans d'urgens motifs de l'île maudite.

Avec de telles précautions et de telles circonstances, l'île entière n'est-elle donc pas une prison suffisamment sûre?.....

Or, qui pourrait porter des hommes, dans leur bons sens, à rêver d'aussi ridicules efforts? Qui pourrait induire dans Longwood à des pensées si follement désespérées? D'ailleurs, l'empereur Napoléon, n'est-il pas toujours aux mêmes projets, aux mêmes désirs qu'il exprima lorsqu'il vint avec confiance, *librement et de bonne foi,* au milieu de vous?« Une retraite et du repos sous la protection de vos lois positives ou de celles de l'Amérique. » Voilà ce qu'il voulait, voilà ce qu'il veut encore; ce qu'il demande toujours.

Si l'île de Sainte-Hélène, par sa nature, n'est

pas déjà une prison suffisante; si elle n'a pas l'avantage de faire concourir la sûreté avec l'indulgence : alors on a trompé votre choix et vos intentions. A quoi bon nous envoyer mourir misérablement dans un climat qui n'est pas le nôtre !

Si cette île, au contraire, par sa nature et à l'aide des précautions exprimées ci-dessus, présentait en elle-même tout ce que la sagesse, la prudence humaine peuvent croire nécessaire, alors toutes additions aggravantes ne seraient-elles pas autant de vexations inutiles, d'actes tyranniques et barbares exécutés contre votre intention? Car, vous n'avez pu vouloir qu'on torturât Napoléon; qu'on le fît mourir à coups d'épingles, et pourtant il n'est que trop vrai qu'il périt par des blessures incessantes de chaque jour, chaque heure, chaque minute.

Si vous n'avez voulu voir en lui qu'un simple prisonnier et non l'objet de l'ostracisme des rois, roi lui-même..... Si on n'a voulu le confier qu'à un geolier et non à un officier d'un grade éminent qui, par ses habitudes des affaires et du monde, sut allier ce qu'il doit à la sûreté du captif avec le respect et les égards qu'il commande..... Si on n'a voulu enfin que confier au climat la mort qu'on n'osait pas exécuter, soi-même; si on a voulu tout cela, je m'arrête, je n'ai plus rien à dire, je n'en ai que trop dit. Mais, si dans le sens de votre bill même, vous avez voulu entourer votre politique comme vous l'avez fait en effet, de toutes les intentions d'une nation grande, honorable, je puis continuer, car vous aurez voulu tout le bien que peuvent permettre les circonstances; vous aurez interdit tout le mal que ne commandait pas la nécessité.

Vous n'aurez pas voulu qu'on privât le prisonnier de tout exercice, en lui imposant inutilement des conditions ou des formes qui eussent fait de cette jouissance un tourment; vous n'aurez pas voulu qu'on lui prescrivît la mesure de ses paroles, la longueur de ses phrases; vous n'aurez pas voulu qu'on restreignît son enceinte primitive, sous prétexte qu'il ne faisait pas un usage journalier de son étendue; vous n'aurez pas voulu qu'on le forçât de se réduire à sa chambre pour ne pas se trouver au milieu des retranchemens et des palissades dont on entoure ridiculement son jardin, etc., etc. Or, toutes ces circonstances existent.

Vous n'aurez pas voulu, qu'au détriment de sa santé et de ses aises, il fût condamné à une mauvaise, petite, incommode demeure, tandis que l'autorité en aurait de grandes et de belles à la ville et à la campagne, qui eussent été plus commodes et plus convenables, eussent sauvé l'envoi du fameux palais, ou, pour parler plus correctement, de l'immense quantité de madriers bruts pourrissant aujourd'hui sans emploi sur le rivage, parce qu'on a trouvé qu'il faudrait de sept à huit ans pour accomplir la bâtisse projetée ; vous n'aurez pas voulu qu'en dépit des sommes que vous y consacrez, les nécessités de la vie, toutes les subsistances fournies journellement à Longwood, fussent du dernier rebut, lorsqu'il en existerait pour d'autres de la meilleure qualité. Vous n'aurez pas voulu qu'on poussât l'outrage vis-à-vis Napoléon jusqu'à vouloir le forcer de discuter ces petits détails de sa dépense ; ni qu'on le sommât de fournir au surplus, qu'il ne possédait pas, ou qu'à défaut on le menaçât de réductions impossibles, qu'on le forçât de s'écrier, dans son indignation, de le laisser tranquille, qu'il ne demandait rien, que, *quand il aurait faim, il irait s'asseoir au milieu de ces braves, dont il apercevait les tentes au loin, lesquels ne repousseraient pas le plus vieux soldat de l'Europe.* Vous n'aurez pas voulu que Napoléon se trouvât contraint par-là de vendre son argenterie pièce à pièce, afin de subvenir à ce qui lui manque chaque mois ; et qu'il se trouvât réduit à accepter ce que des serviteurs fidèles étaient assez heureux pour pouvoir déposer à ses pieds.

O Anglais! est-ce ainsi qu'on peut traiter en votre nom celui qui a gouverné l'Europe, disposé de tant de couronnes, créé tant de rois?.....

On croira avec peine que Napoléon s'informant s'il pouvait écrire au prince-régent, l'autorité ait répondu qu'on ne laisserait passer ses lettres qu'en cas qu'elles fussent ouvertes, ou qu'on les ouvrirait pour en prendre connaissance. Procédé, que réprouve la raison, également injurieux aux deux augustes personnes.

Sainte-Hélène avait été choisie pour nous, avait-il été dit, afin que nous puissions y jouir d'une certaine liberté et de quelque indulgence. Mais nous ne pouvons parler à personne : il nous est interdit d'écrire à aucune. Nous sommes restreints dans nos plus petits détails domestiques. Des fossés, des retranchemens, entourent nos demeures; une autorité nous contrôle, nous gouverne, et l'on avait choisi Sainte-Hélène pour nous procurer quelqu'indulgence!.......

Il a été insinué ou même interdit aux officiers de votre nation de ne pas se présenter devant celui dont ils surveillent la garde; il a été défendu aux Anglais, même quels que soient le rang et la confiance qu'ils possèdent, de nous approcher et de s'entretenir avec nous, sans des formalités qui équivalent à une interdiction, dans la crainte que nous leur dépeignissions les mauvais traitemens dont on nous accable. Précaution inutile à la sûreté, mais qui prouve l'anxieuse attention qu'on met à nous empêcher de faire parvenir la vérité !.....

Certes, vous n'avez pas voulu qu'on portât la tyrannie sur nos pensées et sur nos sentimens, au point de nous insinuer que, si nous continuyons à nous exprimer librement dans nos lettres à nos parens, à nos amis, nous serions arrachés d'auprès de Napoléon et déportés de l'île, circonstance qui a précisément amené ma déportation, en me portant à faire passer clandestinement les lettres mêmes que j'avais d'abord destinées pour le gouvernement, et que je lui aurais envoyées sans son inquiétante insinuation.....

Certes, vous n'avez pas voulu que ceux qui avaient obtenu la faveur de demeurer auprès de Napoléon se trouvassent en-dedans des lois pour leur sévérité et fussent jetés en-dehors pour leurs bienfaits. C'est pourtant ce qui nous a été positivement signifié. Vous n'avez pas voulu qu'on saisît mes papiers les plus secrets et les plus sacrés..... qu'on me refusât d'y apposer mon sceau....... Vous n'avez pas voulu..... qu'on me retînt captif à Sainte-Hélène; qu'on m'envoyât de cette île au cap de Bonne-Espérance pour me faire revenir avec le temps du Cap, vers Sainte-Hélène. Me promenant ainsi prisonnier....... au grand détriment de la santé de mon fils, dont la vie était en danger; au péril de la mienne, qu'on a affligé d'infirmités!.....

Vous n'avez pas voulu, qu'arrivé au Cap, l'autorité m'y retînt arbitrairement..... sous le prétexte ridicule d'envoyer à 2000 lieues, demander à mes juges naturels, si l'on ferait bien de m'envoyer à eux,...... me retenant, en attendant, captif aux extrémités de la terre, pendant plusieurs mois,..... séparé de ma famille, de mes amis, de mes intérêts!

O Anglais! si de tels actes demeuraient impunis, vos belles lois ne seraient plus qu'un vain nom!.....

Tels sont les griefs que j'avais à vous faire connaître.....

Et quelles peuvent être les causes de pareilles mesures? Nous l'ignorons. Ce n'est pas, du reste, qu'à Sainte-Hélène l'autorité conteste le péril de la santé du captif, l'imminent danger de sa vie, la probable et prompte issue d'un tel état de choses. *« Mais c'est lui qui l'aura voulu*, répond-on froidement ; *c'est sa faute...* » Confesser que Napoléon cherche la mort, n'est-ce pas confesser qu'on lui rend la vie intolérable ? *D'ailleurs, continue-t on, pourquoi se refuser à prendre l'exercice nécessaire, parce qu'un officier doit l'accompagner ? Qu'a donc cette formalité de si heurtant, de si pénible ?.....* Mais qui peut se croire le droit de juger des sensations de l'illustre victime ? Napoléon se prive et se tait.....

Mais, insinue-t-on encore (car il n'est pas une même échelle pour tous les esprits et tous les sentimens) pourquoi des égards si recherchés, des attentions, des soins si extraordinaires ? Après tout, c'est un captif de distinction, peut-être ; mais qu'est-il donc de plus ? Quels seraient ses titres ?

Ce qu'il est ! Quels sont ses titres ? Je vais le raconter :

« Napoléon est la première, la plus étonnante destinée de l'histoire. C'est l'homme de la renommée, celui des prodiges, le héros des siècles ; son nom est dans toutes les bouches, ses actes agitent toutes les imaginations, sa carrière demeure sans parallèle. Quand César médita de gouverner sa patrie, César en était déjà le premier par sa naissance et ses richesses. Quand Alexandre entreprit de subjuguer l'Asie, Alexandre était roi, et fils d'un roi qui avait préparé ses succès. Mais Napoléon s'élançant de la foule pour gouverner le monde, se présente seul, sans autre auxiliaire que son génie. Ses premiers pas dans la carrière sont autant de merveilles. Il se couvre aussitôt de lauriers immortels, et règne dès cet instant sur tous les esprits. Idole de ses soldats, dont il a porté la gloire au-delà du monde connu, espoir de la patrie, qui, déjà dans ses angoisses, pressent qu'il sera son libérateur; et cette attente n'est point trompée. A sa voix expirante, Napoléon, interrompant ses mystérieuses destinées, accourt des rives du Nil; il traverse les mers au péril de sa liberté et de sa réputation; il aborde seul aux plages françaises; on tressaille de le revoir; des acclamations, l'allégresse publique, le triomphe le transportent dans la capitale. A sa vue les factions se courbent, les partis se confondent : il gouverne, et la révolution est enchaînée; le seul poids de l'opinion, la seule influence d'un homme, ont tout fait. Il n'a pas été besoin de combattre; pas une goutte de sang n'a coulé.....

» A sa voix les principes désorganisateurs s'évanouissent, les plaies se ferment, les souillures s'effacent, la création semble encore une fois sortir du cahos.

» Toutes les folies révolutionnaires disparaissent..... Napoléon ne connaît aucun parti..... Toutes les opinions, toutes les sectes, tous les talens, se groupent autour de lui. Un nouvel ordre de choses commence. La nation respire et le bénit, les peuples l'admirent, les rois le respectent, et l'on est heureux; l'on va s'honorer de nouveau d'être Français.

» Bientôt on l'élève sur le trône : il devient empereur. Chacun connaît le reste.....

» Tous les souverains se sont alliés à lui, par le sang ou par les traités. Tous les peuples l'ont reconnu. Anglais, si, seuls vous faites exception, cette exception n'a tenu qu'à votre politique : elle n'a été qu'une affaire de forme; bien plus, vous êtes précisément ceux qui aurez vu dans Napoléon les titres les plus sacrés, les moins contestables. Les autres puissances eurent pu obéir, peut-être, à la nécessité; vous, vous n'aurez fait que vous rendre à vos principes, à votre conviction, à la vérité. Car, telles sont vos doctrines, que Napoléon, quatre fois l'élu d'un grand peuple, a dû nécessairement, malgré vos dénégations publiques, se trouver souverain dans le fond de vos cœurs. Descendez dans vos consciences..... Or, Napoléon n'a perdu que son trône. Un revers l'en a arraché, le succès l'y eût fixé pour jamais. Il a vu marcher contre lui 1100 mille hommes; leurs généraux, leurs souverains ont proclamé partout qu'ils n'en voulaient qu'à sa personne. Quelle destinée!........ Il a succombé, mais il n'a perdu que le pouvoir : tous ses caractères augustes lui demeurent et commandent le respect des hommes. Mille souvenirs de gloire le couronnent toujours; l'infortune le rend sacré, et, dans cet état de choses, le véritable homme de cœur n'hésite pas à le considérer comme plus vénérable sur son rocher, qu'à la tête de 600 mille hommes imposant ses lois. Voilà quels sont ses titres. »

Vainement les esprits bornés ou les cœurs de mauvaise foi voudraient le charger, comme de coutume, d'être offensif de tous les maux..... Le temps des libelles doit être passé.......

Qui ne commence à voir aujourd'hui que, malgré sa toute-puissance, il n'eut jamais le choix de sa destinée ni de ses moyens; que, constamment armé pour sa propre défense, il ne recula sa destruction que par des prodiges toujours renaissans; que, dans cette lutte terrible, on lui rendait obligatoire de tout soumettre, s'il voulait survivre et sauver la grande cause nationale?.,.... N'a-t-on pas maintenant, parmi vous, proclamé la *guerre viagère?*.......

Et qui, aujourd'hui, prétendrait encore

mettre en avant le reproche bannal de son ambition ? Qu'a-t-elle donc eu de si neuf, de si extraordinaire, et surtout de si exclusif dans sa personne ?....,

Etait-elle irrésistible ? quand, nous peignant tous ses inutiles efforts pour empêcher la rupture du traité d'Amiens, il concluait que l'Angleterre, malgré tous ses avantages d'aujourd'hui, gagnerait pourtant encore à s'y être tenue; que toute l'Europe y eût gagné ; que lui seul, peut-être, son nom, sa gloire y eussent perdu.

Etait-elle donc bien avide et commune cette ambition ? quand, à Châtillon, il préférait la chance de perdre un trône, à la certitude de le posséder au prix de la gloire et de l'indépendance nationale.

Etait-elle incapable d'altération ? quand on lui a entendu dire : « Je revenais de l'île d'Elbe » un tout autre homme (1). On ne l'a pas cru

---

(1) L'historien des *Cent-Jours*, lequel n'est point un flatteur, raconte un trait qui confirme que Napoléon a dû opérer du changement dans ses idées : « Je le vis, dit-il, dans une de ces promenades nationales, où, après avoir jeté sur les fortifications le coup-d'œil de l'ingénieur, il portait, parmi les flots de la multitude qui pressait son cheval, un front populaire et le sourire de l'affection. Il venait de proposer à la sanction nationale son trop fameux *Acte additionnel*. J'eus occcasion de lui

» possible, et l'on a eu tort. Je ne fais pas les
» choses de mauvaise grâce ni à demi. J'eusse
» été tout à fait le monarque de la constitution
» et de la paix. »

Etait-elle insatiable? quand, après la victoire dont il se regardait comme certain à Waterloo, sa première parole aux vaincus allait être à l'instant même l'offre du traité de Paris, et une union sincère et solide.......

Etait-elle aveugle et sans motifs? quand, après son désastre, passant en revue les conséquences politiques qu'il avait tant prévues, et frémissant des probabilités de l'avenir, il s'écriait: « Il n'est pas jusqu'aux Anglais mêmes
» qui auront peut-être à pleurer un jour d'avoir
» vaincu à Waterloo. »

Et qui pourrait donc songer désormais à revenir avec avantage sur cette ambition? Ce ne sauraient être les peuples, tout frappés qu'ils sont de la conduite de ceux qui l'ont renversé. Seraient-ce les souverains? Mais.....

Mais je m'emporte. Où m'entraînent la force

---

dire: rassemblez, modifiez nos constitutions! qu'elles soient faites pour le peuple, au niveau du siècle et digues du trône! Il me sourit, fit un signe, et répondit en montrant le ciel: *Dieu et le temps!* Cela a été dit le 6 mai, et des milliers d'individus ont pu l'entendre. »

de la vérité, la chaleur du sentiment, l'élan du cœur? je reviens à mon sujet.

Représentans de la Grande-Bretagne, prenez cet état de choses en considération nouvelle. La justice, l'humanité, votre gloire vous le demandent: Sainte-Hélène est insupportable; son séjour équivaut à une mort certaine et préméditée.... Napoléon fut vingt ans votre terrible ennemi; il vous souviendra d'*Annibal* et de l'*infamie romaine* à son égard: vous ne voudrez pas souiller d'une pareille tache les belles pages de votre histoire précédente.....

Sa cause est la cause de tous les rois présens et à venir. Un oint du Seigneur dégradé, avili, ne peut, ne doit être qu'un objet d'indignation, d'horreur pour l'histoire, de frémissement pour les rois.

Rappelez Napoléon au milieu de vous; laissez-le venir trouver le repos sous la protection de vos lois; qu'elles jouissent de son insigne hommage! ne les privez pas de leur plus beau triomphe! Et qui pourrait les arrêter?

Serait-ce votre première décision? Mais, en le rappelant, vous montreriez à tous les yeux que vous ne fûtes alors guidés que par la force des circonstances, la loi de la nécessité.

Serait-ce votre repos intérieur? Mais la pensée en serait insensée, le doute une injure, un outrage à vos institutions, à vos mœurs, à toute votre population.

Serait-ce la sûreté de l'Europe?.... Napoléon dans sa toute-puissance ne pouvait être l'effroi de l'Europe; réduit à sa seule personne, il ne peut plus en être que l'étonnement et la méditation........

Enfin, seraient-ce ses arrières-pensées qu'on pourrait craindre? Mais Napoléon n'en a d'autres aujourd'hui que celles du repos. A ses propres yeux, dans sa propre bouche, sa prodigieuse carrière a déjà toute la distance des siècles. Il ne se croit plus de ce monde, ses destinées sont accomplies. Pour une âme d'une telle élévation, le pouvoir n'a de prix que pour conduire à la célébrité, à la gloire. Et quel nom, dans les succès, dans les revers, en obtint davantage? . . . .
. . . .

FIN DE LA VIIIe ET DERNIÈRE PARTIE.

TABLE

DU PREMIER VOLUME

DES MÉMOIRES

POUR SERVIR À LA VIE D'UN HOMME CÉLÈBRE.

Avertissement de l'Éditeur. . . . . Pag. j

PREMIÈRE PARTIE.

NAPOLÉON DANS SA VIE PRIVÉE.

Chap. Ier. *Premier mariage de Napoléon.*

D'où est tiré ce morceau, 1. — C'est Napoléon qui parle, 2. — Ce qu'il était avant l'affaire de Toulon, 2. — Sur le Directoire, *idem*. — La cour de Barras, 3. — Ce qu'on pensait et ce qu'on disait de Bonaparte à cette cour, 5. — Un mot de madame de Staël sur Sieyes, 6. — Sur une des beautés qui ornait la cour de Barras, 7. — Son intrigue avec Bonaparte. — Bonaparte fait la connaissance de madame de Beauharnais, 11. — Un mot de Bonaparte, en réponse à la question sur ce qu'il ferait, s'il fallait servir les différens partis, 11. — Lettre et vérité singulière que reçoit Bonaparte, 12 et 13. — Conversation entre Bonaparte et l'un des *meneurs* de cette époque, 15. —

Un déjeûner chez madame de Beauharnais. Extrait d'un pamphlet, 18 et suiv. — Continuation de l'intrigue de Bonaparte et de Roxelane, 24. — Un thé chez madame Fanny de Beauharnais, 24. — Proposition de rétablir les Bourbons, 26. — Madame de Beauharnais promet sa main à Bonaparte, 27.

Chap. II. *Divorce et second mariage de Napoléon.*

Il manquait un héritier à l'ambition de Napoléon, 28. — Un mot sur les liaisons qu'on a supposé exister entre Napoléon et la princesse Hortense, 29. — Louis, roi d'Hollande, 30. — Joséphine, 31. — Querelle qui précède et décide le divorce, 32. — Le duc de Rovigo en Russie pour demander la main de la sœur d'Alexandre, *idem.* — Berthier à Vienne négocie le mariage avec une archiduchesse, 33. — Portrait de Marie-Louise, *idem.* — Son arrivée en France, 34. — Caroline, reine de Naples, organise sa maison, 35. — Mot du prince de Talleyrand sur cette princesse, *idem.* — Elle croit avoir deviné le caractère de Marie-Louise, et use de l'empire qu'elle croit avoir par le renvoi de madame de Lajesky et d'un petit chat, 36. — Correspondance de Napoléon et de Marie-Louise pendant son voyage, *idem.* — Première entrevue de Napoléon et de Marie-Louise, 37. — Nuit nuptiale de contrebande, 38. — Portrait de Napoléon à l'époque de son second mariage, *idem.* — Amabilité de Napoléon avec sa nouvelle épouse, 39.

Chap. III. *Le jeune Napoléon, ci-devant roi de Rome, maintenant duc de Reichstadt.*

§. Ier. Accouchement de l'impératrice Marie-Louise, 41. Bruits absurdes qui ont couru pendant sa grossesse, *idem*. — Accouchement, 42. — Réfutation d'un mot qu'on a prêté à Napoléon, 43. — Naissance de l'enfant, 44. — Personnes présentes à l'accouchement, 45.

§. II. Supposition d'enfant, ou le faux Napoléon, 46. — Extrait d'une lettre de Bamberg, *idem*. — Mort du prince Berthier, 51.

§. 3. Naissance du jeune Napoléon. Sa nourrice, 53.

§. 4. Madame de Montesquiou gouvernante du jeune Napoléon, 54.

§. 5. Éducation du ci-devant roi de Rome, aujourd'hui duc de Reichstadt, 55. — Sur Marie-Louise, *idem*. — Sur M. L.—M., *idem*. — Le jeune Napoléon préfère son père à sa mère, 56. — Le jeune Napoléon remet toutes les pétitions qui lui sont remises à son père. Il fait obtenir une pension à la veuve d'un officier, 58. — Correction ingénieuse infligée par madame de Montesquiou, 59.

§. 6. Prière du roi de Rome, 59.

§. 7. Départ du jeune Napoléon, 60.

DEUXIÈME PARTIE.

INTÉRIEUR DE LA COUR DE NAPOLÉON.

Chap. Ier. *Vie intérieure de Napoléon.*

La Prise de tabac, 3. — Le Casse-cou, 4. — Manière dont Napoléon jouoit quelquefois avec l'Impératrice. — Question insidieuse adressée par Napoléon à un notaire, 6. — Bonaparte et Joséphine à Feydeau, 7. —

Bienfaisance de Napoléon, 9. — Napoléon et l'automate, 11. — Le *tarse* et le *métatarse* de la *main*, idem. — Napoléon chante faux, 12. — M. de Caulincourt défendant à des piqueurs d'obéir à l'empereur, 13. — Le pâté chaud, *idem*. — Le mouchoir brodé, 14. — Ecriture de Napoléon. M. de Menneval, 14. — Des dames qui entouraient Marie-Louise, 15. — Trait de bonté de Marie-Louise, 16. — Une nuit à La Haye, 19. — La Médecine ou M. *l'Etiquette*, 20. — Napoléon fait ôter des fauteuils et fait donner des tabourets à sa mère, aux reines d'Espagne et de Hollande, 21.

Chap. II. *Des partis à la cour de Napoléon* (2ᵉ partie).

Il y avait trois partis à la cour. Madame de Montesquiou et son mari à la tête du premier, 23. — Ils voulaient attacher l'ancienne noblesse à l'empereur, et la faisaient combler de grâces, *idem*. — Madame L. M. à la tête du second, 24. — Haine de cette dame et de son mari contre les émigrés et l'ancienne noblesse, *idem*. — Sortie du général . … contre les émigrés, et en particulier contre M. de Calonne. Glace brisée, 25. — Sur madame L. M., 26. — Sa conduite envers mademoiselle Mélanie V., 27. — Sur madame Mélanie V...., *idem*. — Mariage de M. L. — M. pour se faire donner grâces et pensions, 28. — Changement de Napoléon après son mariage, 29. — M. L. — M. capte toute la confiance de Marie-Louise, 31. — Réfutation d'une calomnie contre M. L.-M., 32. — La duchesse L. M. se montre sous un jour favorable, 33. — Le grand-maréchal Duroc était à la tête du troisième parti qui divisait la cour. Ce parti était composé des militaires, 36. — M. de Montesquiou et la duchesse L. M., 37.

Chap. III. *Napoléon en voyage* (2ᵉ partie).

Napoléon à Claye, 39. — Le ca ca,...., de M. de Polignac, 44.

Chap. IV (2ᵉ partie). *Chronique scandaleuse et police secrète.*

Napoléon à Amsterdam, 46. — Les voitures de suite de l'impératrice introduisent des marchandises anglaises, 47. — La cour, pendant l'hiver de 1811 à 1812, 48. — Police secrète, 50. — Finesse de la duchesse de B., 51. — Mystification du ministre C... et de l'actrice B..., 52. — Prédilection de Napoléon pour la princesse Aldobrandini, 55. — Madame P.....ky va rejoindre Napoléon à l'île d'Elbe, 55. — Aventure de Napoléon avec deux actrices, 56 et suiv. — Sur M..., duc de B...., 58. — La bonne fortune du duc de B..., 60. — Sur le comte .... et son épouse, 63. — L'aura *qui voudra*, 64. — Les 1000 fr. d'épingles de la comtesse ......, 65. — Sur le prince duc de P..., caricature, 66. — Appelez-moi tout simplement Monseigneur, 67. — Répartie spirituelle de madame de la Rochefoucault, 67. — Le prince C. au Palais-Royal, 68. — Naïveté du prince de P...., 69. — Lésinerie du cardinal Fesch, 71. — Sur Madame Mère, *idem.* — Séjour de Charlotte, fille aînée de Lucien, chez Madame Mère. Le confessionnal, 72. — Manière peu onéreuse dont Madame Mère faisait des cadeaux, 73. — Madame Mère fait payer les frais de maladie et d'enterrement à un mari d'une de ses femmes de chambre, 74. — Sur le chevalier d'A..... M. Grimod de la Reynière, *idem*. — Epigramme sur le chevalier d'A..., 75. — Un mot du chevalier d'A..., 76. — Manière dont l'abbé de P... fit maigre durant le carême, *idem*. — De la police sous le duc de R., 77. — Vieillards jetés dans les fers par la délation d'un enfant stylé à l'espionnage.

TROISIÈME PARTIE.

NAPOLÉON, HOMME PUBLIC.

Chap. Ier. *Napoléon se fait déclarer Empereur.*

Opposition que Napoléon trouva dans sa famille quand il voulut placer sur sa tête la couronne impériale, 1. — Lucien refuse le trône de Naples, 2. — Projet de mariage entre la fille aînée de Lucien et le prince des Asturies, *idem*. — Opposition que Napoléon trouva dans Carnot, 3. — Espérance des royalistes qui voulaient voir un Monck dans Bonaparte, 4. — Sur la mort du duc d'Enghien. La reine Hortense cherche à détourner Napoléon de cette action, 5. — Extrait d'un pamphlet où l'on a saisi les motifs qui déterminèrent la marche de cette affaire, *idem* et suiv.

Chap. II. *Quartier-général de Napoléon.*

Sur Napoléon, 12. — De Napoléon au camp, 13. — Sur ses campagnes, 14. — Sur les maréchaux et les généraux, 16. — Du désordre qui régnait dans les lieux où Napoléon résidait momentanément, *idem*. — M. de Narbonne couche sur deux chaises dans l'antichambre de Napoléon, 17. — Ecuyers, officiers d'ordonnance, adjudans, etc., couchant sur la paille, *idem*. — De Rustan, 18. — Cabinet de Napoléon, 19. — Sur les secrétaires de Napoléon, 20. — Du gardien du portefeuille, 24. — M. de Caulincourt fait ses fonctions de grand-écuyer, 25. — Napoléon lisant les nouveautés en voyageant, 27. — Napoléon préférant Duroc, 28. — Le colonel Bacler d'Albe, directeur du bureau topographique, 28. — Repas de Napoléon, 29. — Napoléon en campagne, 30. — Cérémonie de la remise d'un aigle à un régiment, 32. — Officiers d'ordonnance, 33. — De la facilité de travail de Napoléon, 35. — Vie de Napoléon en campagne, 36. — De la voiture de voyage, 37. — Costume de Napoléon, *idem*. Ses chevaux, 38. — Son goût pour quitter les chemins battus, *idem*. — Napoléon en bonne humeur, 40. — Voyage et séjour du quartier-général, 41. — Napoléon sous la tente, 42. — Tentative d'assassinat faite à Vienne le 12 octobre 1809. — Sur le prince de Wagram, 47. — Sur le roi Murat, 48. — Les aides-de-camp du prince de Wagram, 51.

Chap. III. *Seconde abdication de Napoléon.* (3ᵉ partie.)

§. 1ᵉʳ. Nuit du 20 au 21 juin, 52.

Arrivée de Napoléon à l'Elysée, après la bataille de Mont-Saint-Jean, 53. — *Tout est perdu, fors l'honneur*, 54. — Jérôme et Georgette, 55. — Rapport sur la bataille de Mont-Saint-Jean, *idem*. — Dialogue entre Napoléon, Maret, et Regnault de Saint-Jean-d'Angely, 58. — Rapport secret sur la disposition des esprits à Paris, 60. — Napoléon et la reine Hortense, 62. — Remarques singulières, 64.

§. 2. Comité impérial (Nuit du 21 au 22 juin 1815) 67.

Membres du comité, 67. — L'Empereur annonce nos désastres, 69. — Impression que fait sur l'assemblée son discours, *idem*. — Dialogue qui s'établit, 70.

§. 3. Abdication, 76.

Sur la séance du 22 de la chambre des représentans, 76. — Dialogue entre Napoléon et Lucien. — Napoléon refuse de frapper un coup d'Etat, 78. — Mot de Lucien sur Napoléon, 80. — Le vrai bonheur, *idem*. — Lettre anonyme signée ΦΙΛΑΔΕΛΦΕΝ, adressée à Napoléon, *idem*. — Le général S.. g.. c. détermine Napoléon à abdiquer, 85.

QUATRIÈME PARTIE.

Napoléon a Sainte-Hélène.

§. 1er. Napoléon, après avoir demandé l'hospitalité au prince régent d'Angleterre, se rend à la croisière anglaise, 1.

Résolution de Napoléon de passer aux Etats-Unis, 1. — Qui fit avorter ce projet, 2. — Lettre de Napoléon au régent d'Angleterre, 2. — Mesures prises pour prévenir l'évasion de Napoléon, 3. — Napoléon en rade à Rochefort, 5. — Napoléon à bord d'un vaisseau anglais, 9.

§. 2. Station à Plymouth, 11.

Le Bellérophon mouille à Plymouth, 11. --- Sir George Cockburn est choisi pour conduire Napoléon à Sainte-Hélène, 12. --- Protestation de Napoléon, 13. --- Napoléon veut se prévaloir de l'*habeas corpus*, 14 ---

Formation de la maison que Napoléon doit avoir à Sainte-Hélène, 15. --- Madame Bertrand, 16. --- Lord Keith porte à Napoléon la décision du gouvernement anglais, qui le relègue à Sainte-Hélène, 17. --- Réponse de Napoléon, *idem.* --- Translation de Napoléon à bord du *Northumberland*, 25. --- Savary, 26. --- Départ pour Sainte-Hélène. Curiosité du peuple anglais pour voir Napoléon, 29. --- Papiers déchirés par Napoléon, jetés à la mer et recueillis, 30.

§. 3. Protestation de l'empereur Napoléon (4ᵉ partie), 31.

§. 4. Instruction sur la manière dont sera traité le général *Bonaparte*, 33.

On visitera les effets de Napoléon. --- Ce qu'on lui laissera, *idem.* --- Usage que l'on fera de ce qui lui sera enlevé, 34. --- Liberté dont jouira Napoléon à Sainte-Hélène, 35. --- Mesures de sûreté, 37.

§. 5. Séjour à Sainte-Hélène, 39.

Arrivée à Sainte-Hélène, 39. --- Adieu de Napoléon à la France, 41. --- La Saint-Napoléon de l'année 1815, *idem.* --- Rencontre d'un bâtiment napolitain, 42. --- Conversation de Napoléon, où il juge Delille, Milton, Voltaire, Corneille, etc., 43. --- Quelques mots sur les personnes qui suivent Napoléon, 44. --- Occupation de Napoléon pendant la traversée, 45. --- Napoléon débarque à Sainte-Hélène, 46. --- Sur Longwood, habitation de Napoléon, 49. --- Napoléon donne une fête, 51. --- Napoléon s'occupe de ses mémoires, 52. --- Topographie de Sainte-Hélène, 54.

Fin de la Table du premier volume.

VIIIᵉ Partie.

TABLE

DU DEUXIÈME VOLUME

DES MÉMOIRES

POUR SERVIR A LA VIE D'UN HOMME CÉLÈBRE.

CINQUIÈME PARTIE.

Marie-Louise en 1814.	Pag. 9
Quelques mots sur les intrigues qui l'ont empêché de rejoindre Napoléon.	ib.
Tentatives de Napoléon pour rejoindre Marie-Louise après le 30 mars 1814.	18
Joseph, Jérôme et Marie-Louise.	19
Marie-Louise à Vienne en 1814.	21
Ganache, synonyme d'*homme d'état*.	23
Buste d'Alexandre Ier.	24
Les Mains de Napoléon.	25
Le Préfet, *mère de qui ?*	26
Murat, prince de mon Q.	ib.
Franchise du maréchal Duroc.	28
Napoléon, *dieu* et *diable*.	ib.
Napoléon en retraite	29
Le colonel Schernicheff.	ib.
Maladresse diplomatique.	31
Les Bagatelles du comte de Lacépède.	32

Domestiques de Napoléon.	35
Les Dévoués.	36
Fierté de Lucien Bonaparte.	ib.
Correspondance de Charlotte Bonaparte.	37
Napoléon à la toilette de l'Impératrice.	ib.
Lætitia Bonaparte et *Madame Mère*.	38
Succès de l'éloquence sénatoriale.	ib.
Espiéglerie despotique.	40
Gasconade de Murat.	42
Ambition de la grande-duchesse de Berg.	43
Le Comédien *préfet* et le Préfet *comédien*.	44
Véritable place des nobles chambellans.	46
Tout est valet à la cour, hormis le monarque.	ib.
Le Maire constitutionnel.	47
Creux et *profonds*, synonymes.	48
Monseigneur Dubois et *monseigneur* Maury.	49
Évasion de sir Sydney Smith de la tour du Temple.	50
Vertueux démenti.	52
Familiarité de Dugazon.	53
Correction impériale.	54
Eau bénite de cour.	55
Épigramme d'un cuisinier.	58
Aventure de l'archevêque de Burgos.	59
Singulière Indiscrétion de l'Empereur.	60
L'influence d'un moment.	61
Exemples du fort comique.	62
Les Corses ne sont pas faits pour être esclaves.	63
M. Fouché destitué du ministère.	64
Bonaparte dans la grande pyramide.	65
Barras à Bonaparte.	66
Où, quand et pourquoi il faut que les femmes soient politiques.	67

Mot héroïque de Bernadotte. 68
Qu'est-ce qu'un concordat ?. 69
Rapport du général Bonaparte sur les commissaires des guerres de son armée. . . . . *ib.*

SIXIÈME PARTIE.

Mélanges anecdotiques.

L'Épreuve avant la lettre. . . . . Pag. 1
Le cardinal Maury dans le quartier d'Enfer. . . . 2
Les Deux Princesses. . . . . *ib.*
Le Sucre impérial. . . . . *ib.*
La Chasse aisée. 3
La Serviette saisie. . . . . *ib.*
Talma et Lekain. 4
Exactitude helvétique. . . . . *ib.*
Bassesse dénaturée d'un courtisan. 6
Madame *la Cardinale*. 7
Les Femmes et les Collerettes. 8
Friandise d'un Ambitieux. 9
Particularités sur la Conspiration de Mallet. . . *ib.*
Nouvelles manœuvres militaires. 13
La *Grippe* de Joséphine. 14
Le mari Courtisan, ou la Vengeance manquée. . 16
Appareil royal d'un consul républicain. 18
Le Ier Consul veut qu'on se garantisse de sa tyrannie éventuelle. . . . . *ib.*
Ou un lit de brocard, ou une botte de paille. . . 19
Flexibilité du Code Napoléon. 20
Corneille apprécié par Napoléon. . . . . *ib.*
J.-J. Rousseau jugé par Bonaparte. 21
Pourquoi le peuple romain aimait-il ses mauvais

empereurs...................................	21
Le général plus républicain que courtisan.....	22
La *légitimité*, selon l'archevêque de Tours....	ib.
Moyens employés pour dépopulariser M. de Melzy.	ib.
Définition des Français.....................	24
Sévérité de l'étiquette......................	ib.
Bernadotte appelé au trône de Suède........	25
Fermeté du prince Lucien...................	27
Bonaparte à Kaminiek, en Egypte..........	28
La France sous le scellé.....................	30
Cromwel incomplet.........................	31
Songe du petit Napoléon....................	ib.
Le Ier Consul devant Bard...............	32
Un émigré aide-de-camp de Napoléon........	33
La vieille femme et Napoléon...............	35
Harangue de cinquante pages, ni plus, ni moins.	ib.
Tacite, Gibbon et Machiavel appréciés par l'Empereur...................................	37
Présomption d'un ambitieux avant la conquête..	ib.
Un plus beau trône vacant que celui de Lombardie.	38
Cavalerie du duc de Bassano................	ib.
Retour de Russie. Du sublime au ridicule il n'y a qu'un pas.................................	39
Influence du combat de Valentino...........	44
Napoléon avoue deux fautes.................	45
Combat de Brienne, en 1814................	ib.
Résistance dédaignée.......................	46
A bas le traîneau...........................	47
Efforts du jeune d'Hervas pour sauver les Bourbons d'Espagne.............................	48
Première insurrection de Madrid............	49
Menaces de Napoléon à l'envoyé helvétique....	52
En quoi Bonaparte veut imiter Louis XIV.....	ib.

Résumé de la révolution.................... 53
Prétendue tentative d'assassinat............. *ib.*
Ignorance de la noblesse espagnole au sujet de la
    cour de France..................... 54
Transaction du duc de l'Infantado........... 55
Napoléon hésite de consommer l'affaire d'Espagne. 57
Motifs qui déterminèrent le prince des Asturies au
    voyage de Bayonne................... 58
Superbe non du comte de Lima 59
Sujet et *serviteur* ne sont pas synonymes..... 61
La Santa-Casa di Loretto............... *ib.*
Lettre du Directoire exécutif au général Bonaparte. *ib.*
Inventaire de la Santa-Casa................ 62
Lettre du général Bonaparte au citoyen Garrau.. 63
Fragment d'une lettre du général Bonaparte à
    Carnot........................... 64

~~~~~~~~~~~~

SEPTIÈME PARTIE.

ANECDOTES SUR LE VOYAGE DE NAPOLÉON DE FONTAINEBLEAU A L'ÎLE D'ELBE.

Le Commissaire prussien, après la première abdication............................. 1
Reproche au duc de Bassano............... 2
Départ de Napoléon pour l'île d'Elbe......... 3
Pourquoi Napoléon ne s'est pas tué.......... 10
Comment, selon Napoléon, il faut parler à l'armée. 11
Les Épithètes données par la mauvaise humeur. *ib.*
Augereau et Napoléon..................... 12
La Fin de la Partie...................... 14
L'Empereur scandalisé d'avoir tort........... *ib.*
Déguisement de Napoléon................. 15

Hiérarchie d'un Brick, d'une Frégate et d'une Corvette.	18
Proclamation interprétée.	19
La Fièvre intermittente.	20
Ça ne dur'ra pas toujours !	ib.
Avis aux Cantiniers.	21
Réponse de Napoléon aux Lyonnais.	ib.
Danger des Concessions.	22
Les deux Livrées.	ib.
La Duchesse de Weïmar.	ib.
Les Petits Saint-Jeans.	25
Napoléon excommunié.	ib.
Amourettes de la Princesse Pauline.	29
Civil et *militaire*.	33
Fête de madame Fanny Beauharnais.	34
Madame de Staël et Napoléon.	35
Le Roi des modes.	36
Les *Carnivores* et *la Celle* à Lannes.	37
Les Courbettes raccourcissent la taille.	ib.
Les Œuvres de M. Bernardi.	38
Le Médecin de l'ambassadeur persan.	ib.
Dévouement d'*Emile Bonnier*, élève de l'Ecole Polytechnique.	40
Saute-Mouton.	43
La *Cosa-Rara*, ou le Gentilhomme vraiment noble.	ib.
Bonaparte au Pont de Lodi.	44
Consolation d'un ambitieux.	45
Déboires de l'ambition.	ib.
Sarcasme impérial.	47
Napoléon blessé.	ib.
Conversation arithmétique.	48
Vivacité de Lannes.	51

Le Cheval l'*Evêque*.	52
Fermeté du général Drouot.	ib.
Napoléon sur la route d'Ostrolenka.	54
Tendresse conjugale de la Princesse B...	55
Pourquoi la révolution de Brumaire est arrivée le 18.	57
Les Grenouilles qui demandent un roi.	59
Bonaparte sur les côtes d'Egypte.	ib.
Mot heureux du général Caffarelly.	60
Moyens de passer la mer sans vaisseaux.	ib.
Ce qui fit échouer les Français devant Saint-Jean-d'Acre.	ib.
Bonaparte franc républicain.	61
Fragmens remarquables.	62
Les compagnons d'armes de Bonaparte jugés par lui.	63

HUITIÈME PARTIE.

Fragmens sur le prisonnier de Sainte-Hélène.	1
Pétition du comte de *Las-Casas* au Parlement d'Angleterre, en faveur de l'Empereur *Napoléon*.	31

Fin de la Table du deuxième volume.

www.ingramcontent.com/pod-product-compliance
Lightning Source LLC
Chambersburg PA
CBHW070622170426
43200CB00010B/1882